FREUD
ET L'INCONSCIENT

MARIE-JEAN SAURET

LES ESSENTIELS MILAN

Sommaire

Les mots suivis d'un astérisque (*) sont expliqués dans le glossaire.

Freud : « Ma vie n'a d'intérêt que dans son lien à la psychanalyse. »

Le terme « psychanalyse » est lié au nom de son inventeur, Sigmund Freud (1856-1939). Cette référence est-elle un signe de l'incapacité de la psychanalyse à devenir science ? Celle-ci n'est-elle pas anonyme ? Einstein est l'inventeur de la physique quantique ; cependant, le physicien d'aujourd'hui peut ne pas savoir ce qui a poussé Einstein vers la recherche fondamentale.
Freud élabore une théorie qui porte sur le désir du sujet. Mais qu'est-ce qui le pousse à échapper aux savoirs existants pour courir après ce qu'il ignore et dont l'invention l'obligera à bouleverser les savoirs les mieux établis ? Plus modestement, Freud avance une théorie du sujet de la parole : à quelle condition chaque sujet « parle en son nom » et ne répète pas ceux qui l'ont précédé ?
Les polémiques actuelles autour de la personnalité de Freud et de la psychanalyse ont un enjeu pour notre siècle : celui de la place ménagée au sujet de l'acte, de la création, de la poésie et de la démocratie.
La psychanalyse propose une théorie du sujet et de la pratique permettant à ce dernier de traiter de ce qu'il est : son invention est bien indissociable de la façon dont Freud lui-même a osé s'affranchir de la psychologie de son époque.
Freud se saisit de sa formation intellectuelle, de son particularisme juif, de ses avatars biographiques pour s'orienter dans un champ du savoir inexploré jusqu'à lui et pour soutenir ses découvertes envers et contre tous.

Avertissement : au vu de la complexité de certaines notions de psychanalyse, il est conseillé de les consulter dans le glossaire, avant de commencer la lecture de cet ouvrage… Pour mieux en saisir tout le sens et la portée.

Une jeunesse viennoise

Sigmund Freud naît en 1856 dans une famille juive qui émigre à Vienne où il fait ses études, et travaille presque jusqu'à sa mort.

Le jeune Sigmund Freud et son père, Jacob, ici en 1867.

Une enfance heureuse

Freud voit le jour le 6 mai 1856 en Moravie (actuelle République tchèque), dans la petite ville de Freiberg dont il garde des souvenirs heureux et vivaces, bien qu'il la quitte à 4 ans. Sa famille – des négociants juifs (surtout de laines) d'abord aisés puis mis en difficulté par le développement du machinisme et la montée de l'antisémitisme – s'installe à Vienne dans un quartier d'émigrants juifs peu fortunés. Freud en garde une certaine hantise de la pauvreté.

Le jeune Sigmund a tout de même une enfance heureuse entre une mère et un père fiers de lui et qu'il aime tendrement. Son père, Jacob Freud, remarié, a deux grands fils lorsque Sigmund naît. Celui-ci est le fils aîné d'une mère de 21 ans et de 20 ans plus jeune que son mari, déjà grand-père. Freud est très attaché à sa mère dont il reste l'enfant préféré. Connue pour son caractère vif et enjoué, aimant la musique et les jeux de cartes, elle vit jusqu'à 95 ans et ne s'éteint, en 1930, que quelques années avant son fils. Elle a en tout huit enfants. Freud passe son enfance dans une famille très nombreuse et unie, dont il reste longtemps le seul garçon (après lui et un frère mort en bas âge, cinq filles se succèdent avant un dernier garçon).

Un lycéen avide de savoir

Entré au lycée (*Gymnasium*) avec un an d'avance, Freud se passionne pour la culture. Rome et Athènes resteront des références constantes, mais aussi Goethe, Heine, Zola et... Darwin. Dans la présentation qu'il fait de lui-même en 1925, il se décrit comme habité d'une grande soif de savoir. Très imprégné de la culture juive de son enfance, connaissant l'hébreu et le yiddish, il se plonge très tôt dans la Bible. Et il n'est pas douteux que son intérêt pour l'interprétation porte la marque de cette lecture assidue des textes bibliques.

À l'issue de ses études secondaires, Freud, comme beaucoup de fils de marchands moraves, s'inscrit en médecine à l'université, sans véritable vocation.

Des rapports tendus avec la capitale autrichienne

Freud n'aime pas Vienne où ses premières années sont assombries par les difficultés économiques de sa famille. La vie culturelle (littéraire, musicale, architecturale) y est pourtant intense et novatrice. Les promenades sur le Prater, proche du quartier-ghetto où réside sa famille, le mettent en contact avec la brillante société viennoise.

Freud souffre de l'antisémitisme et du pangermanisme de plus en plus déclaré régnant à Vienne. Dans un passage de *L'Interprétation des rêves*, il raconte un souvenir d'enfance. Au cours d'une promenade, son père croise un chrétien qui envoie son bonnet dans la boue en criant : « *Juif ! descends du trottoir !* » Le père se résignant à ramasser son bonnet, Freud avoue sa déception : « *Cela ne me sembla pas héroïque de la part du grand homme fort, qui me conduisait par la main, moi, le petit. J'opposais à cette situation qui ne me satisfaisait pas une autre qui correspondait mieux à mes sentiments, la scène dans laquelle le père d'Hannibal, Hamilcar, fait jurer à son fils devant l'autel domestique de prendre vengeance sur les Romains.* » De cette position d'opprimé minoritaire, Freud garde ce qui le prépare aussi à « *une certaine indépendance de jugement* ».

Une analyse par l'écrit
De nombreux éléments biographiques de la vie de Freud ont été livrés par Freud lui-même, notamment dans son abondante correspondance mais aussi dans *L'Interprétation des rêves* (1899) et la *Psychopathologie de la vie quotidienne* (1904), véritable autoanalyse (*voir* pp. 32 à 35).

Un prénom et une femme pour la vie...
Sigismund Freud (de prénom juif Schlomo) devient Sigmund en 1878 ; il rencontre Martha Bernays, fille d'une famille d'érudits, en 1879 et l'épouse le 14 septembre 1886.

Freud reçoit une formation classique au lycée mais est aussi marqué par la culture juive de son enfance et par l'antisémitisme régnant à Vienne à la fin du XIXe siècle.

Sigmund fait médecine

L'engagement de Freud dans des études et une voie professionnelle obéit à des déterminations strictes, non sans comporter, comme toujours, une part de contingence.

Ses héros d'enfance
À l'adolescence, Freud traverse une phase militariste. Il l'attribue au fait qu'enfant il s'est livré à de grandes batailles avec un neveu du même âge. Parmi ses lectures se trouve l'*Histoire du Consulat et de l'Empire* (1845-1862) de Louis AdolpheThiers (1797-1877). Ses soldats de bois portent des étiquettes avec le nom des maréchaux de Napoléon. Son favori est Masséna dont on dit qu'il était juif. Il compte d'autres héros tels Hannibal ou encore Cromwell...

« *Soif de savoir* »

Freud bénéficie d'un contexte historique, culturel, social et familial, contrasté : antisémitisme de l'Empire austro-hongrois en décomposition, milieu à la fois conservateur des traditions judaïques mais ouvert à la modernité. « *Né coiffé* », soutenu par sa famille et un père qui l'encourage à le dépasser, il a le goût des lettres et des langues (allemand, latin, grec, français, anglais, italien, espagnol, hébreu), et, selon ses enseignants, un style bien à lui. Enfant et adolescent, Freud a pris ses modèles chez les « *grands hommes* » (*voir* ci-contre) militaires puis politiques, avant de se tourner, sans renier son réalisme, vers les intellectuels. Animé « *d'une sorte de soif de savoir* », d'un désir de comprendre les énigmes de l'univers et de l'existence humaine, inspiré par les exemples de Johann Wolfgang von Goethe (1749-1832) et Charles Darwin (1809-1882), il préfère la science et la philosophie, malgré un vif intérêt pour la spéculation pure. Il garde ce souci de méthode et une liberté de pensée peu ordinaire, contrebalançant les jeux de l'imagination par une discipline scientifique.

Examiner la structure de l'organisme

À 17 ans, il doit choisir : industrie, commerce, droit ou médecine ? Excluant les trois premiers trop restrictifs à son goût, il hésite devant médecine. Il l'adopte pour un usage surprenant, au point qu'il a du mal à terminer son cursus : rebuté par la pratique médicale, il occupe ses études à la méthode scientifique, profitant des rencontres qu'elles lui permettent. Brücke, Du Bois-Reymond, Helmholtz et Ludwig (*voir* encadré) sont pour lui des maîtres, des modèles de rigueur et des soutiens admirés et craints. Sous ce patronage,

Le pacte des maîtres
Les physiologistes allemands Ernst Wilhelm von Brücke (1819-1892), Emil Du Bois-Reymond (1818-1896), Hermann Ludwig Ferdinand von Helmholtz (1821-1894) et Carl Friedrich Wilhelm Ludwig (1816-1895) – les maîtres de Freud en médecine – ont passé une sorte de pacte contre le vitalisme*, en faveur d'une étude et d'une mathématisation des forces physico-chimiques à l'œuvre dans l'organisme.

il accomplit une série de travaux anatomiques et biologiques remarqués, anticipant la découverte du neurone* et de la synapse*. Véritable chercheur, il se passionne pour l'examen de la structure de l'organisme, et se défie de l'expérimentation et de la manipulation. Il en garde une méfiance pour toute forme d'influence, préférant dégager, derrière le phénomène, l'action propre de la structure. Ainsi, dans le traitement, il abandonne stimulation électrique, hypnose* et suggestion (*voir* pp. 20-21) pour repérer la structure des névroses* et les forces qui les provoquent.

Le choix de la pratique psychiatrique

Malgré ses succès, l'appui de ses professeurs et de son père, le sort des juifs autrichiens l'empêche d'obtenir un poste pour succéder à ses maîtres. Brücke le pousse alors vers la médecine libérale. À contrecœur, Freud cherche dans la pratique hospitalière la formation nécessaire à l'accueil d'une clientèle privée. Sur les bases de ses connaissances en neurologie, il se dirige vers la psychiatrie et deux maîtres dont il apprécie le sens clinique : Theodor Meynert (1833-1892) et Hermann Nothnagel (1841-1905). Il passe des soins apportés « aux malades des nerfs » au traitement des « névroses » par un glissement qui tient plus du jeu de mots que de la logique des sciences. Avant la rencontre décisive avec le médecin français Jean Martin Charcot (1825-1893, *voir* pp. 8-9).

Ni médecine ni sciences humaines
Sans doute, la vocation médicale de Freud ne cessera pas. S'il considère que cette formation ne prépare pas à l'exercice de la psychanalyse, il ne préconise pas pour autant le recours aux sciences humaines, dont il critique l'esprit de système emprunté à la philosophie.

De ses études, Freud conserve le modèle des sciences : pratique, rigueur, inventivité, ouverture, rejet des systématisations outrancières des religions, des philosophies et des sciences humaines. Il s'en souvient en s'orientant, forcé, vers la psychiatrie.

Goût et phobie des voyages

Freud a la phobie des voyages mais il est un grand voyageur. Pour ses études, sa formation, la psychanalyse, ses loisirs et son plaisir…

On ne parle pas de ces choses-là en public… Charcot s'exclame en privé à propos des symptômes* d'une hystérique : « *Mais, dans des cas pareils, c'est toujours la chose génitale*, toujours… toujours… toujours.* » Freud se souvient être resté stupéfait : « *Puisqu'il le sait, pourquoi ne le dit-il jamais publiquement ?* »

Voyageur malgré lui

Nombreux sont les pays qu'il visite, en Europe et dans le Nouveau Monde. Quelques capitales le passionnent et stimulent son travail. Ses descriptions et récits montrent sa capacité à saisir le « génie » des lieux, côté ange et côté démon !

Paris et la rencontre avec Charcot

Son premier séjour à Paris, de 1885 à 1886, a lieu pendant sa formation médicale. Son avis est mitigé. Véritable bonheur, son départ permet de réaliser un rêve ancien. Sur place, il est seul, désargenté et désorienté. Il visite monuments historiques et musées (Louvre, Cluny), enthousiasmé par Notre-Dame de Paris (et Victor Hugo, 1802-1885). Plus réticent dans ses contacts, il a une mauvaise opinion des Français, « *boulangistes* et revanchards* » contre les Allemands. Il se méfie de ce « *peuple des convulsions historiques* ». Jean Martin Charcot (1825-1893), médecin français dont il suit les cours à la Salpêtrière et qui l'invite à ses réceptions, le marque. Il est sous le charme mais s'en veut de son besoin de patronage. Il revient à Paris en 1889, en 1910 et en 1938, en partance vers Londres.

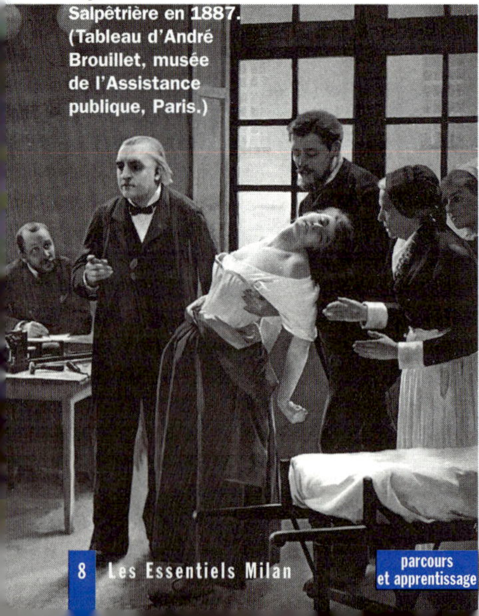

***Ci-dessous*: le docteur Charcot donnant une leçon clinique sur l'hystérie* à la Salpêtrière en 1887. (Tableau d'André Brouillet, musée de l'Assistance publique, Paris.)**

Berlin : l'antithèse de Vienne

En 1886, en séjour d'études à Berlin, il est déçu par les sommités de la neurologie mais, pour la première fois, étudie les enfants. Par la suite, il y retourne fréquemment, d'abord pour retrouver son ami Fliess (*voir* pp. 34-35), puis pour des visites familiales et, à la fin de sa vie, pour soigner son cancer de la mâchoire. Il y contacte le physicien allemand Albert Einstein (1879-1955) en 1928, rencontre en 1930 William C. Bullitt – ambassadeur américain – avec qui il écrira un livre, en 1938, sur le président américain Wilson. Berlin est pour Freud l'antithèse de Vienne (*voir* pp. 10-11), le centre d'un pays en plein progrès économique, jouissant d'un relatif libéralisme. Les choses changent avec l'arrivée des nazis…

« *Rome était ravissante, tout particulièrement pendant les deux premières semaines, avant que ne se lève le sirocco qui augmenta mes douleurs. Anna a été merveilleuse. Elle comprit tout, prit plaisir à tout, et j'étais fier d'elle.* » Freud, lettre du 26 septembre 1923 à Max Eitingon, l'un de ses élèves et amis les plus intimes.

Rome : une passion

En contrepoint se situe Rome, objet d'une passion sans pareille. Et l'Italie en général… Lieu privilégié du loisir et du repos, où se mêlent plaisir et intérêt, au cours de nombreux voyages (avec sa belle-sœur Minna Bernays, avec sa fille Anna). Il s'y console de ses déboires (difficultés de nomination à l'Université), récupère des forces, renoue avec des désirs infantiles de conquête, de revanche, nourris des héros de l'Antiquité (*voir* pp. 4-5). À Rome, source inépuisable de joie de vivre, d'exaltation même, il visite, ravi et enivré, la villa Borghèse, Saint-Pierre, les Catacombes, le château Saint-Ange, la chapelle Sixtine, les musées du Vatican. Ses lettres rendent, en un tableau vivant, l'atmosphère d'une place animée par la musique et le cinéma, l'ambiance sans façon de la foule romaine, avec les jeux des enfants, la beauté des femmes, le vin délicieux. Il y est chez lui ! Le culte de la divine cité emporte Freud dans des jouissances qui n'ont rien d'éthéré, y compris dans celles du savoir et de la recherche. Dans ce creuset de forces contradictoires (Antiquité, judaïsme, christianisme), il concocte cet étrange essai que sera *L'Homme Moïse et la Religion monothéiste*, un brûlot contre la religion, qu'il n'écrira qu'à la fin de sa vie, et ne publiera qu'une fois exilé à Londres en 1939 (*voir* pp. 10-11).

Dans ses rencontres avec les intellectuels et les cultures dont son monde a hérité, Freud trouve la force de passer outre sa phobie des voyages ; il recueille les enseignements grâce auxquels il réunit les conditions d'invention de la psychanalyse.

De Vienne à Londres, le fil d'une vie

Vienne n'est pas la ville natale de Freud, mais « sa ville » – de son enfance, de son adolescence, de sa vie de famille, de travail et de recherche. Il finit son existence à Londres, en exil.

Vienne : la ville de toutes les aversions...

Freud nourrit une aversion déclarée pour Vienne ; il y a pourtant passé sa vie. Il ne peut reprendre force qu'à fouler un autre sol que celui de la terre mère. Son antisémitisme, son antilibéralisme, son influence déprimante et son étroitesse d'esprit le répugnent. S'il y bénéficie, un temps très bref, d'une relative reconnaissance et d'honneurs limités (nomination comme *Privat Dozent* – « chargé de cours » – en 1885, puis « citoyen d'honneur de Vienne » en 1924), il ressent cruellement l'ostracisme général dont il est victime. Beaucoup de proches souhaitent fêter avec solennité son quatre-vingtième anniversaire ; il refuse ce « *happy end* », irréconcilié et irréconciliable envers les impostures et les faux amis, mais chaleureux et reconnaissant vis-à-vis des témoignages sincères, tel celui du physicien allemand Albert Einstein (1879-1955).

« ***J'ai voué à Vienne une haine personnelle et, à l'inverse du géant Antée, je prends des forces nouvelles dès que je pousse le pied hors du sol de la ville où je demeure.*** » **Lettre à Fliess, (*voir* pp. 34-35), 11 mars 1900.**

... mais jamais abandonnée

Freud forme plusieurs projets d'émigration (Amérique, Angleterre, Hollande), sans jamais les réaliser. Malgré les relations difficiles avec sa ville, il ne renonce pas à y faire sa vie, contre les occasions de la quitter et bien qu'il la fuie chaque fois qu'il peut. Au moment des pires dangers (*voir* ci-contre à droite), il n'arrive pas à se décider à abandonner son poste. Pourquoi cette obstination à rester à Vienne, cette difficulté à l'oublier ? « *... Je n'ai pas cessé d'aimer la prison dont j'ai été libéré.* » Parce que c'est à Vienne qu'est née la psychanalyse et qu'elle a commencé à se développer contre toutes les résistances ?

Page de droite **: sur le chemin de l'exil à Londres en 1938, Sigmund Freud est accueilli à Paris par la psychanalyste française Marie Bonaparte (1882-1962), et William C. Bullitt, ambassadeur des États-Unis.**

L'exil à Londres

Après avoir rechigné avec ténacité à « quitter le navire », Freud se résout à émigrer à Londres en 1938, en raison du climat de terreur engendré par les persécutions nazies. Le départ de Vienne est dur à obtenir : il faut faire jouer toutes les influences et toutes les aides (anglaises, américaines ; psychanalystes, ambassadeurs, ministres) pour arracher l'autorisation aux nazis. Une véritable chaîne de solidarités et de dévouements est nécessaire pour faire passer Freud, les siens et une maigre part de ses biens (livres et collections) « à l'étranger ». Il a fallu tous ces efforts et il s'en est fallu de peu que le pire arrive à Freud, comme à ses sœurs par exemple, mortes cinq ans plus tard en camp de concentration (*voir* pp. 56-57). En Angleterre, Freud connaît un accueil particulièrement chaleureux, de la part des officiels comme de simples inconnus qui lui écrivent pour signifier leur contentement.

Une vie jusqu'au bout, sans céder

Bien que très malade et triste de son départ, Freud n'est pas accablé et poursuit son travail, soutenu par les siens et la communauté des analystes. Il continue à recevoir des patients, des lettres (entre autres d'Einstein), des visites (de Stefan Zweig, Salvador Dalí, Malinowski, Arthur Koestler...). Il écrit toujours des textes importants (*Analyse avec fin et analyse sans fin*, 1937 ; *L'Abrégé de psychanalyse*, 1938 ; *L'Homme Moïse et la Religion monothéiste*, 1939). Les atteintes et les douleurs du cancer se précisent : Freud les supporte avec stoïcisme et réalisme. Jusqu'à demander, le moment venu, les palliatifs qui arrêteront sa souffrance et sa vie.

« *Cette époque insensée* »
Le 10 mai 1933, les nazis mettent en scène des « feux de joie » sur les places publiques des grandes villes et des centres universitaires, symbolisant l'autodafé d'un siècle de culture allemande. Les écrits « de gauche » et toute la littérature démocratique ou juive sont brûlés, de Heine à Kafka en passant par Marx. Cet acte barbare, inaugurant une époque que Freud dépeint comme « *insensée* », vise en particulier ses œuvres. Après l'annexion de l'Autriche en 1938, il faudra toute la pression du psychanalyste Ernest Jones (1879-1958) et de la princesse Marie Bonaparte pour que Freud consente à l'exil.

Freud n'a jamais oublié Vienne : c'est là qu'est née la psychanalyse, et qu'il a mené sa vie. Ayant fui le nazisme, il s'éteint à Londres en 1939.

Neuropsychologie et cocaïne

Deux recherches – sur les aphasies et la cocaïne –, entreprises par Freud sous le patronage de ses maîtres – Brücke, Du Bois-Reymond, Helmholtz et Ludwig –, tiennent une place particulière sur le chemin de la psychanalyse.

« J'en suis venu à croire que la masturbation était la seule grande habitude, le besoin primitif, et que les autres appétits, tels que le besoin d'alcool, de morphine, de tabac, n'en sont que des substitutifs. »
Lettre à Fliess (*voir* pp. 34-35) du 22 décembre 1897.

Broca et Wernicke, les précurseurs

Freud consacre une part importante de ses premiers travaux aux aphasies* : en 1861, le chirurgien et anthropologue français Pierre Paul Broca (1824-1880) regroupe, sous le terme d'aphasie motrice, des pertes du langage articulé (en l'absence de lésions des nerfs et des organes d'exécution concourant à l'articulation) ; elles dépendent de l'aire du cortex (dans le cerveau) qui porte son nom. Sémantiquement correct, le langage prend une allure télégraphique.
En 1874, le psychiatre allemand Carl Wernicke (1848-1905) ajoute les aphasies sensorielles au langage phonétiquement et grammaticalement correct, mais sémantiquement incohérent ; elles sont dues à une atteinte de la réceptivité du langage, liée à une autre aire corticale à laquelle il donne son nom.
Broca comme Wernicke soutiennent l'idéal médical en psychiatrie : les troubles psychiatriques sont les symptômes* d'une atteinte organique. L'examen des aphasies le démontrerait.

La localisation cérébrale
Broca et Wernicke ont contribué à l'élaboration de la théorie dite de la localisation cérébrale, selon laquelle chaque fonction mentale serait localisée dans une zone spécifique du système nerveux central.

Des aphasies sans lésion

Mais Freud s'aperçoit qu'il est impossible de mettre en évidence un accident organique dans bon nombre d'aphasies. Il en déduit que toutes les aphasies ne s'expliquent pas par une lésion localisée dans l'appareil cérébral du langage (*voir* ci-contre), mais surtout qu'il ne peut exister deux types d'anatomie du cerveau : une pour les aphasies avec lésion, une pour les aphasies sans lésion. Il faut donc chercher

dans le fonctionnement normal de l'appareil du langage les raisons du fonctionnement normal et aphasique du langage.
Freud opère un renversement décisif : le fonctionnement du cerveau – le psychique – est structuré comme un langage. Il énonce sa thèse sur les aphasies en 1891. Sa démarche constante consiste à doter les phénomènes psychiques non pas d'un substrat anatomique mais à les lier à une structure du langage. Elle sera vérifiée en 1956 par le linguiste Jakobson (*voir* encadré).

Apports de la linguistique en psychanalyse
Le linguiste américain Roman Jakobson (1896-1982) distingue deux caractères du langage – la combinaison et la sélection –, et isole deux types d'aphasies leur correspondant – troubles de la similarité et troubles de la contiguïté.
Le psychiatre et psychanalyste français Jacques Lacan (1901-1981) exploite les contributions du linguiste suisse Ferdinand de Saussure (1857-1913), de Jakobson, du linguiste français Émile Benveniste (1902-1976) : théorie du sujet* de la parole et examen de ses rapports au langage.

Les travaux sur la cocaïne

Préoccupé par son avenir matériel, Freud tombe en 1884 sur un article américain qui vante les vertus d'un médicament : la cocaïne. Celle-ci agirait sur les « troubles fonctionnels », c'est-à-dire sans lésion organique décelable, et vaincrait de façon notable la neurasthénie* – dont Freud déclare souffrir –, l'hypocondrie*, les difficultés digestives et cardiaques...
Freud a le sentiment d'avoir rencontré à la fois ce qui convient à sa propre pathologie et au succès de la psychiatrie vers laquelle il se réoriente. Mais il aurait rendu visite à sa fiancée plutôt que de mettre au point les propriétés analgésiques de la cocaïne, et son collègue Karl Koller invente l'anesthésie locale en 1884.
Outre un traitement calmant sa propre douleur, Freud retient la leçon : la cocaïne « *accélérait la révolution des idées* » ; une action sur l'organisme n'est pas sans incidence sur le psychisme.
Freud décrira, métaphoriquement – sur le modèle de l'effet de la drogue –, la libido* (toxine), l'énergie sexuelle et la névrose* (intoxication par une « substance chimique sexuelle »). En outre, la cocaïne lui pose la question de la façon dont le désir* se lie à l'organisme.

Le déterminisme biologique de la névrose est battu en brèche par les travaux sur les aphasies. La cocaïne suggère à Freud de penser la sexualité comme une substance toxique, ce qui prépare à l'invention de la pulsion*.

Freud et la philosophie

Méfiant envers les grandes conceptions du monde, malgré des connaissances philosophiques solides, Freud proteste contre l'identification de la psychanalyse à une philosophie.

Critique du système philosophique

Sa critique de la philosophie surprend car la langue allemande est celle des grands philosophes encore influents : Schelling (1775-1854), Kant (1724-1804), Hegel (1770-1831), Marx (1818-1883)...

Dans « D'une conception de l'univers » (1932), Freud dénonce l'esprit de système. La philosophie s'égarerait en surestimant la valeur du pur raisonnement pour la connaissance. La prétention d'offrir un tableau cohérent et sans lacune de l'univers est « *constamment battue en brèche par le progrès de la connaissance* ».

Freud compare la pensée philosophique à l'animisme*. Mais la philosophie n'est pas dangereuse contrairement à la religion : véritable interdiction de penser, celle-ci se substitue à la névrose* du sujet* et à ses solutions existentielles (*voir* pp. 52-53).

Freud reprend la boutade du poète allemand Heinrich Heine (1797-1856) : « *Avec ses bonnets de nuit et les lambeaux de sa robe de chambre, il* [le philosophe] *bouche les trous de l'édifice universel.* »

Les philosophes, de grands enfants ? La psychanalyse attribue l'évitement du réel* par l'esprit de spéculation de certains philosophes à « *la toute-puissance de la pensée infantile* » !

Brentano : « *la science des phénomènes psychiques* »

Freud hérite de certaines valeurs philosophiques telles que la conception de la représentation* du philosophe Franz Brentano (1838-1917), dont il a suivi les cours sur la logique aristotélicienne. Précurseur du philosophe allemand Edmund Husserl (1859-1938), contestant les prétentions quantitatives de la psychophysique, Brentano propose une psychologie, « *science des phénomènes psychiques* » : on atteint les faits de conscience par intuition directe (perception interne) des phénomènes psychiques. Ceux-ci sont toujours

« *Pour moi, je nourris dans le tréfonds de moi-même l'espoir d'atteindre par la même voie* [la médecine] *mon premier but : la philosophie. C'est à quoi j'aspirais originellement avant d'avoir bien compris pourquoi j'étais au monde.* » Lettre à Fliess du 1er janvier 1896, (*voir* pp. 34-35).

représentatifs. La représentation est l'acte le plus élémentaire de la conscience. L'acte psychique (voir une couleur) porte toujours en lui « l'intention » vers l'objet auquel il se réfère. Une couleur n'est pas psychique, c'est le fait de voir qui l'est : un acte mental visant un objet coloré.

Herbart et la théorie de la représentation

Freud est marqué par le philosophe allemand Johann Friedrich Herbart (1776-1841). Influencé par Kant, Herbart a l'ambition de fonder la psychologie comme science. Associationniste, il pense que les représentations, une fois nées, ne disparaissent pas. Le champ de la conscience est étroit, et les représentations se le disputent. Elles agissent sur l'humeur consciente*, même « refoulées ». Les représentations sont des forces d'intensité variable. Les idées ne sont jamais isolées mais forment des « *chaînes de représentations* ». Les processus psychiques obéissent ainsi à des lois scientifiques.

Les références de Freud
On distingue entre autres les philosophes – Theodor Gomperz (1832-1912), Wilhelm Jerusalem (1854-1923) –, les linguistes – Karl Abel (1837-1906) et Franz Miklosich (1813-1891) –, et un neurologue – Salomon Stricker (1834-1898).

L'associationnisme* anglais

Freud préfère les savants (*voir* ci-contre) qui se réfèrent aux psychologiciens britanniques traitant la logique dans le champ de la psychologie : John Stuart Mill (1806-1873), Alexander Bain (1818-1903), Herbert Spencer (1820-1903) et David Hume (1711-1776). Pour eux, non seulement l'association d'idées* ou de représentations est à la base du fonctionnement mental, mais les éléments issus de la perception se combinent selon un automatisme qui définit des lois primaires.

Freud déclare avoir très peu lu de philosophie malgré son attrait pour elle. La psychanalyse objecte à toute conception de l'univers qui s'imposerait aux hommes : chacun doit élaborer une réponse qui ait chance de valoir au-delà de lui. Freud s'oppose également au solipsisme*, interrogeant les conditions du lien social. Pour lui, toute psychologie est une psychologie sociale.

Freud invente la psychanalyse à partir de la cure. Mais, pour la théoriser, il emprunte largement à la linguistique, à la logique et à certains apports de la philosophie.

Freud et les sciences de la nature

Freud range la psychanalyse parmi les sciences modernes de la nature parce qu'elles sont nées avec l'introduction d'une limite dans le savoir, promesse de nouvelles découvertes.

Une science empirique

En 1923, dans *Psychanalyse et théorie de la libido**, Freud énonce que la psychanalyse est une « *science empirique* » et l'oppose à la philosophie. Il se démarque de « *l'idéal d'intelligibilité absolue et de déduction absolue* ». Pour étayer cette position, Freud se réfère à la physique et la chimie, en faisant valoir que ces régions du savoir admettent un point de « non-savoir », que la science est toujours « inachevée ».

C'est en opposition à l'exigence d'un savoir qui voudrait tout englober et tout synthétiser que Freud prend position en faveur de la science. Et c'est contre l'ambition d'un « tout-savoir » qu'il range la psychanalyse du côté de la science.

Des concepts fondamentaux

Sa référence constante à la démarche scientifique passe par l'analyse qu'il fait du statut euristique* de ces fondements. Que ce soit dans *Psychanalyse et théorie de la libido*, ou dans son autobiographie, Freud déclare que ses concepts ne pourraient avoir des « *contours nets* » que si la psychanalyse était une science de l'esprit. Dans les sciences de la nature, on admet des concepts flous, parce qu'il est impossible qu'il en soit autrement. Les sciences de l'esprit parviennent à des concepts clairs et certains car elles « *veulent englober un domaine factuel dans le cadre d'un système intellectuel constitué* ».

C'est certainement dans *Pulsions* et destin des pulsions* (1915) que Freud fait valoir le plus nettement que l'indétermination des concepts n'infirme pas pour autant leur validité :

1) la science la plus exacte ne peut répondre à l'exigence de concepts clairs et définis ;
2) les idées « *comportent un certain degré d'indétermination* » ;
3) le processus théorique vise à transformer ces idées abstraites en concepts ;
4) ces idées ont le caractère de conventions, de constructions provisoires (fictions) qui emportent, malgré tout, une dimension de vérité* ;
5) les concepts ne correspondent pas à un savoir figé, ils peuvent être modifiés comme ceux de la théorie de la relativité élaborée par Albert Einstein (1879-1955).

Les principaux éléments que Freud articule débouchent en définitive sur cette conclusion : « *La psychanalyse est une partie de la science et peut se rattacher à la* Weltanschauung [« représentation du monde »] *scientifique* », dont il nous dit pourtant l'impossibilité ! Conférence intitulée « D'une conception de l'univers », 1932.

« *La psychanalyse est une partie de la science* »

Dans sa conférence intitulée « D'une conception de l'univers », Freud articule sa position, offrant même l'occasion de saisir sur le vif une évolution du raisonnement.
Question de départ : la psychanalyse est-elle une représentation* du monde, et laquelle ?
La « représentation du monde » (*Weltanschauung*) y est définie comme un système symbolique, entièrement déterminé, « commandé » par un « tout-savoir ». Dans un premier temps, Freud dit que la psychanalyse doit adopter la « *représentation du monde* » de la science car, en tant que *Spezialwissenchaft* (« science spécialisée »), elle est inapte à en former une qui lui soit propre.
Dans un second temps, Freud dénie que la science ait une « représentation du monde » : il ne cesse de démontrer l'opposition entre système spéculatif et sciences de la nature, celles-ci relevant de la science au sens moderne du terme.

Les sciences de l'esprit se ramènent à un système spéculatif. C'est pourquoi Freud cherche à ranger la psychanalyse parmi les sciences de la nature.

À l'écoute de l'art et de la littérature

Freud manifeste un rapport singulier envers l'art : il témoigne toujours de l'enseignement qu'il en tire.

Attribution du prix Goethe
Ses professeurs saluaient déjà le style de Freud, avant qu'il ne reçoive, en 1930, le prix Goethe récompensant un maître de la langue allemande.

L'homme cultivé

Ni connaisseur ni amateur, ni spécialiste ni dilettante, ni esthète ni moraliste, Freud se réfère de façon ajustée à l'art et à la littérature. Sans être « *psychanalyste de l'art* », il prend une leçon dont l'intérêt concerne le sens, la fonction et l'utilité pour la psychanalyse. Il envie les artistes, et apprécie, par ordre de préférence, poésie, littérature, sculpture, architecture, peinture et musique.

L'admiration pour le créateur

Il tire de son expérience de l'art une définition du créateur. Il y a continuité et séparation entre le névrosé et l'artiste : le créateur se détourne de la réalité pour y retourner, plus apte à la sublimation* qu'au refoulement*. Il retrouve le chemin de la réalité dans un renouvellement de la vie imaginaire, commune à tous, mais que chacun garde secrète. Il fait de l'activité fantasmatique un visage plaisant, source de jouissances* autrement inaccessibles, et procure aux autres consolation et soulagement. Il fraie une voie vers ce qui demeurerait refoulé. Il obtient ainsi certains pouvoirs et avantages (on l'écoute, on le voit). Freud ne prête pas de cynisme à l'artiste. Il rend hommage à son « don » qui permet à chacun devant une œuvre – « *appâté* »

L'énigme Shakespeare
Freud est aussi élogieux que féroce vis-à-vis de ceux qui, en tant qu'hommes, déméritent de leurs dons (comme l'écrivain russe Fedor Dostoïevski, 1821-1881). Une curiosité, bien dans son style, l'amène à se passionner pour le cas du dramaturge anglais William Shakespeare (1564-1616), et l'énigme de son identité ; il adhère aux théories les plus farfelues à ce sujet.

avec un « *plaisir préliminaire* » – de rencontrer un écho de son propre inconscient* jusqu'à en tirer satisfaction. Le sens esthétique est subordonné à la curiosité : Freud doit comprendre une œuvre pour la goûter. Il est modeste vis-à-vis des deux éléments qui composent le don artistique – inspiration dérivée d'un fantasme* et goût de l'esthétique – et dont il ne sait doser le mélange.

Le cœur du fantasme fait le style

Freud use de ce rapport à la littérature pour préciser ses conceptions. Les détracteurs de la psychanalyse le traitent d'artiste plus que de scientifique. Ses histoires cliniques se lisent comme des nouvelles. Il a des affinités électives avec les romanciers, pense que le créateur précède le savant et définit le processus de création par rapport au processus analytique : la production artistique opère une élaboration du fantasme, et transforme en œuvre d'art le désir* infantile qui en constitue le noyau. L'artiste y consent avec son savoir-faire : le plaisir préliminaire de sa technique conduit au plaisir final de l'œuvre. L'art a une fonction sociale entre compensation et suppléance (*voir* ci-dessus) : il offre des œuvres qui procurent des satisfactions à la place des renoncements exigés par la civilisation. Son activité se substitue à la satisfaction impossible (il n'y a pas d'œuvre qui arrêterait le « *travail silencieux* » de la pulsion*). Outre sa part d'illusion, l'art permet, *in fine*, de « *reprendre solidement pied dans la réalité* ».

Freud et les livres

Lecteur traditionnel, Freud cherche plaisir et instruction, préférant la construction du récit à l'arrangement esthétique, curieux de la relation de l'auteur à son œuvre. Intéressé par les thèmes, les personnages, l'auteur, etc., il ne vise pas à analyser l'art ou l'artiste : il recherche, dans l'activité artistique ou l'œuvre, tout ce qui anticipe l'analyse* et, dans l'artiste, tout ce qui en fait un précurseur susceptible de montrer la voie à l'analyste (*voir* encadré).

Compensation et suppléance
Appartenant au registre imaginaire, la compensation vise à masquer le défaut (exemple : un cadeau pour réparer une frustration). La suppléance est du registre symbolique ; elle propose un élément susceptible de remplir la fonction de l'élément manquant (exemple : une image consciente* représente un élément refoulé et agissant).

Curieux, Freud est « *intéressé particulièrement aux personnes et aux choses qui ne sont pas ce qu'elles semblent être* », selon l'expression du psychanalyste britannique Ernest Jones (1879-1958). Un terrain que se disputent littérature et psychanalyse !

Hypnose, suggestion et catharsis

La mise en place du procédé freudien est liée au désir de savoir qui pousse Freud à se laisser enseigner par ses patients. Ce désir l'amène à explorer les thérapies : hypnose, suggestion hypnotique, méthode cathartique.

Freud traite son premier patient par l'électricité en 1883 et poursuit ses recherches sans doute jusqu'en 1885. Mais il doit conclure : « *Si le jugement de Mœbius, d'après lequel les succès du traitement électrique seraient dus à la suggestion, ne s'est pas alors présenté à mon esprit, ce fut pour une cause simple : je n'ai pas eu un seul succès à enregistrer.* » *Contribution à l'histoire du mouvement psychanalytique*, 1914.

« *Il s'agissait d'apprendre du malade quelque chose qu'on ne savait pas et que lui-même ignorait.* [...] *Je n'aimais pas l'hypnose ; c'est un procédé incertain et mystique.* » *Cinq leçons sur la psychanalyse*, 1924.

Électrothérapie et suggestion sous transfert

En neurologie, Freud étudie les traitements électriques par galvanisation* ou faradisation* et leurs incidences (*voir* encadré) : influence de la fièvre sur la conduction électrique dans le système neuromusculaire ; réaction du nerf optique à l'électricité. Il y associe bains et massages, et constate que la personnalité du médecin produit autant d'effets sur le patient que le traitement. Il attribue cette efficacité (faible) à la présence et aux paroles du clinicien : il parle de « *suggestion sous transfert** ».

Une hystérie expérimentale

Sa clientèle privée le contraint à s'intéresser à la question psychothérapeutique. Il se tourne vers l'hypnotisme*. Cette méthode, qu'il a vu pratiquer par Hansen, Charcot, Liébault, Bernheim, Mœbius et Heidenain, lui permet d'explorer la genèse des symptômes* hystériques, inaccessible à l'état de veille, et d'observer qu'il est possible de les provoquer sous hypnose*. Un sujet* suggestionné de façon à souffrir de chaleur en plein hiver, continuera, éveillé, à obéir à la suggestion jusqu'à sortir et fournir une explication rationnelle

« *Mais je me rappelle que déjà à cette époque* [en 1889, chez Bernheim] *j'éprouvais une sorte de sourde révolte contre cette tyrannie de la suggestion.* » *Psychologie des foules et analyse du moi, 1921.**

de son comportement. Selon ce modèle d'hystérie* expérimentale, des mots créent des maux par une action inconsciente*. D'où la thérapeutique : se remémorer l'ordre inconscient qui agit en sourdine, première version de l'existence d'un savoir inconscient déterminant la vie du sujet. Les symptômes hystériques, sensibles à la parole – qui les cause ou qui les résout –, sont traitables par un moyen psychologique.

Freud enregistre la protestation du sujet

Les limites de l'hypnotisme ne tardent pas à se faire jour : des patients ne sont pas hypnotisables alors que d'autres, hypnotisés, s'opposent aux ordres du médecin ou, réveillés, à la remémoration. Des praticiens (tel Theodor Meynert, 1833-1892) voient dans ce procédé une aliénation privant le patient de volonté et de raison. Enfin, l'amélioration par le traitement hypnotique est provisoire, les symptômes réapparaissant une fois rompue la relation avec le médecin. Freud prend acte des limites de cette méthode et l'abandonne définitivement en 1896 : la résistance à l'hypnose et à la suggestion hypnotique, le caractère rebelle du symptôme constituent une protestation du sujet. À entendre…

La résistance à la catharsis

Freud adopte une « technique de concentration » alliée à un « petit artifice technique » inspiré de la méthode cathartique de Breuer (*voir* ci-dessus). Il informe le patient – d'une pression sur son front – que va surgir à la conscience une pensée qu'il devra communiquer sans retenue et sans critique. Aucun mot préalable n'est donné au patient, libre de ses représentations* (*voir* pp. 14-15). Freud répète cette pression plusieurs fois si nécessaire, jusqu'à ce que soient retrouvées les scènes pathogènes oubliées par le patient mis en position de détenteur d'un savoir à révéler. Freud découvre alors qu'il existe des résistances* entravant la chaîne associative (*voir* association libre*) et ce malgré son insistance.

La catharsis, purifier le psychisme
Le psychiatre autrichien Josef Breuer (1842-1925) estime que les symptômes hystériques sont liés au fait que le sujet n'a pas réagi émotionnellement à tel événement traumatique. Il cherche donc à obtenir une « abréaction » (réaction après coup) par les moyens de la suggestion hypnotique. Cette abréaction est susceptible de procurer un effet de purification – catharsis – de ce qui encombrerait le psychisme.

Des thérapies, Freud retient le savoir inconscient, l'action des mots, une théorie de l'hystérie et de son traitement, convaincu que, dans la résistance à se remémorer et dans l'insistance du symptôme, réside le plus particulier du sujet.

Les paralysies hystériques

Freud différencie paralysie organique et paralysie hystérique. Ses travaux confirment sa critique du biologisme.

Deux types de paralysies

La comparaison entre ces deux types montre que les paralysies organiques sont causées par des lésions nerveuses. Leurs propriétés dépendent de la localisation des lésions (*voir* pp. 12-13) et des connexions nerveuses.

Les paralysies hystériques se distinguent par une localisation précise mais insoumise aux lois de l'anatomie. Freud soutient qu'il ne peut exister autant de systèmes neurologiques que de types de paralysies. Les patients – « organiques » ou « hystériques » – possèdent la même anatomie : il faut imaginer une étiologie* de l'hystérie* compatible avec un organisme sain. D'où la nécessité d'inventer une autre détermination que le seul organisme.

> ***« Je voulais soutenir la thèse que, dans le cas de l'hystérie, les paralysies et les anesthésies de parties du corps isolées sont délimitées d'une manière qui correspond à la représentation commune (non anatomique) de l'homme. »***
> **Freud, *Ma vie et la psychanalyse*, 1924.**

L'invention du corps comme « moi »

Freud note que la paralysie hystérique est conforme à l'idée que le sujet* se fait de l'organe atteint : c'est la représentation* de l'organe qui est malade ! Il en déduit que l'organisme est recouvert d'un réseau de représentations séparant le sujet de son organisme, mais lui permettant de l'imaginer et d'en parler. Grâce à ces représentations, le sujet retrouve la fonction de ses organes et les utilise. Ce tissu de représentations, Freud l'appelle « *corps* » ou « *moi** », différencié de l'organisme. La rupture de la psychanalyse avec le biologisme* est consommée :

il est possible de postuler une lésion psychique distincte de l'atteinte organique ; cette « lésion » isole une représentation (du bras ou de la jambe...) des autres représentations qui composent le « *moi-corps* ».

La causalité psychique de l'hystérie

Pourquoi cette représentation est-elle refoulée ? Parce qu'elle est chargée d'une valeur affective incompatible avec les autres représentations. Cette valeur affective se traduit en excès de sensibilité : elle peut n'affecter que tel segment du corps qui, dans le cas d'une paralysie organique, exigerait l'intervention d'un microchirurgien !

Pour l'heure, Freud n'explique ni la nature de cette valeur affective ni la raison de l'incompatibilité. Avant lui, la psychiatrie ne connaît que la causalité organique. Il propose une théorie du psychisme, la psychogenèse manquant à la psychiatrie. Celle-ci tentera alors de récupérer les concepts de la psychanalyse tout en rejetant sa pratique. Cette théorie explique que les hystériques abandonnent leurs atteintes organiques sous hypnose* et par suggestion (*voir* pp. 20-21) mais récupèrent leurs symptômes*, passé les effets de la suggestion.

Une double détermination de l'hystérie

D'un côté, Freud relève l'incidence de la représentation de l'organe associé à un souvenir biographique. De l'autre côté, il faut compter avec la valeur affective, ce « *quelque chose* » qui ne se réduit pas à la représentation mais s'y rajoute, en rupture avec la détermination langagière.

Freud dispose d'un nouveau principe thérapeutique : restaurer le tissu déchiré des représentations en retrouvant ou en reconstruisant celle qui manque par la parole. Avec des difficultés inédites : le caractère « inconciliable » de la représentation qui a entraîné le refoulement* est-il définitivement curable ? Si le sujet a refoulé une première fois une représentation, et sa charge affective, pourquoi l'accepterait-il plus tard ?

Freud déduit de son travail sur les paralysies l'existence d'une « cause » psychologique et une nouvelle thérapeutique. Pour la première fois dans la clinique médicale, il est fait appel à « *la décision du sujet* » d'assumer ou non ce qu'il a d'abord refoulé.

La rencontre avec l'hystérique

Le Moyen Âge traite l'hystérique de possédée, et le XIXe siècle de simulatrice.

Freud, le premier, renverse l'ordre du savoir pour une étude scientifique de l'hystérie.

L'hystérie est une névrose...

L'hystérie* (du grec *usteron*, « utérus ») affecterait les femmes. Les Égyptiens anciens considéraient l'utérus comme un animal migrateur responsable des sautes d'humeur. Freud donne à ce mythe toute sa portée : la névrose* est liée au sexuel ; la sexualité féminine est une énigme ; la jouissance* féminine est étrangère même pour une femme : sa spécificité se dérobe aux mots des analysantes* ; le choix du sexe n'est pas déterminé par l'anatomie.

... qui affecte les hommes comme les femmes

Les études sur les aphasies* et les paralysies hystériques montrent comment Freud abandonne l'anatomie pour la psychopathologie. Trois idées dominent sa rencontre avec Charcot (*voir* pp. 8-9) : de nombreux symptômes* résultent de l'hystérie ; ils touchent les hommes et les femmes ; certains sont provoqués sous hypnose* par des mots. Une théorie du fonctionnement psychique en découle (*voir* pp. 22-23).

Autre rencontre décisive, celle du psychiatre autrichien Josef Breuer (1842-1925) qui impressionne Freud avec l'une de ses patientes, Anna O... (*voir* encadré). Ses symptômes disparaissent quand elle détaille les souvenirs qui leur sont liés. Freud est intrigué par le fait que Breuer ne proteste pas davantage contre son intuition d'une étiologie* sexuelle. Il découvre

Le cas Anna O...
C'est une jeune fille de 21 ans lorsque Breuer la prend en traitement de 1880 à 1882. Elle présente un tableau de symptômes variés : paralysies avec contractures et insensibilités, inhibition, toux nerveuse. Anna O... impose à son médecin un procédé de traitement par évocation des souvenirs qu'elle nomme : « *cure par la parole* » ou encore « *ramonage de cheminée* » !

que Breuer a interrompu le traitement d'Anna O… devant le désir* éveillé en lui par les avances (sous transfert*) de la jeune fille.

Genèse sexuelle des symptômes

Freud entreprend d'éclaircir la genèse des symptômes hystériques hors laboratoire. Il vérifie que face à une représentation* insupportable s'élève une défense, un refoulement*, qui la met à l'écart de la conscience, que cette pensée a souvent un contenu sexuel, et que le symptôme vient à sa place. Les paralysies hystériques l'expliquent déjà : celui qui refoule la représentation de la jambe perd l'usage de la jambe ; la paralysie hystérique est le symptôme du conflit avec la charge affective de la représentation « jambe ». Anna O se protège ainsi du désir sexuel qu'elle éprouvait quand son père posait sa jambe sur sa cuisse pour des soins.

Le symptôme hystérique est une formation substitutive entre un désir attaché à la valeur affective et une défense contre ce désir. Il est un symbole, un fait psychique de l'ordre du langage, même s'il a prise sur l'organisme *via* le corps. C'est pourquoi il disparaît quand Anna O… le met en mots. Si l'interprétation psychanalytique, faite de mots, agit sur le symptôme, c'est qu'ils ont sinon même nature, du moins même structure.

L'inconscient, ce « savoir insu »

Deux mécanismes psychiques « convertissent » une idée refoulée en symptôme : la condensation* (un élément du symptôme représente plusieurs éléments du conflit) et le déplacement* (un élément du symptôme représente un élément du conflit par un trait commun). Plusieurs représentations sont susceptibles de surdéterminer* un seul symptôme. La tâche thérapeutique vise à retrouver l'ensemble des refoulements et transformations. Freud demande à l'hystérique de se souvenir, et de lui enseigner ce savoir particulier : « *Le sujet sait tout sans le savoir* », paradoxe de ce « *savoir insu* » nommé par Freud « inconscient* ».

Avec l'hystérique, Freud vérifie la nature de la névrose et la double détermination – inconsciente et sexuelle – du symptôme. Il met à l'épreuve une direction du traitement par ce sexuel.

L'association libre et la cure

Freud tire plusieurs enseignements de ses patientes hystériques : efficacité thérapeutique de la parole, étiologie* sexuelle, « *pensée séparée de la conscience* » déterminant le sujet, irréductibilité du symptôme, limites des thérapies...

***Page de droite*: exilé à Londres à partir de 1938, Freud réaménage son bureau – semblable à celui de Vienne – dans sa nouvelle demeure. Avec notamment un divan, l'élément indispensable à la cure analytique. Depuis, cette maison a été transformée en musée.**

L'enseignant, c'est le patient

Chaque observation conduit Freud à chercher une théorie explicative et une thérapeutique efficace. À partir d'une position épistémologique* conforme à la science moderne et à ses impasses, il invente la psychanalyse : mode d'investigation du psychisme, traitement, corpus de savoirs nouveaux. L'invention de la technique psychanalytique repose sur un renoncement à l'hypnose* et à la suggestion (*voir* pp. 20-21), tout en conservant leurs avantages. Le 12 mai 1889, Freud se soumet à l'injonction d'Emmy von N... qui lui demande de se taire pour la laisser parler. Cette date marque l'abandon de la suggestion pour un procédé inédit : l'association libre*.

Le désir de l'analyste et l'éthique de la psychanalyse sont là. Freud renonce à diriger ses patients, libres de prendre la parole comme ils l'entendent. Il existe un savoir sur le symptôme*, situé définitivement du côté du sujet* : l'enseignant, c'est le patient !

Le sujet-objet, entre science et psychologie
Contrairement à la psychanalyse, la psychologie dite scientifique (*voir* pp. 56-57) adopte l'idéal de la science : traiter les sujets comme des objets d'étude, effacer les particularités au profit de catégories et lois générales.

Rendre la parole au patient

Principale rupture clinique, la psychanalyse s'oppose au mouvement de la science qui vise objectivité, universalité et généralisation (*voir* ci-contre). Freud s'intéresse au singulier, rebut de la science : rêves, lapsus*, actes manqués*... et acte de parole ! Prenant en compte l'énonciation de ses patients, il les laisse dire sans contrainte et les écoute avec sérieux : ils détiennent, seuls, un savoir sur ce qui les fait souffrir, et sur le discours grâce auquel ils se soutiennent dans l'existence. La psychanalyse doit reconnaître la vérité du sujet dans cette souffrance.

Entendre ce qui est dit

La nature et la fonction du savoir sont transformées. La théorie psychanalytique dépend des conditions de la cure : le processus de connaissance doit être distingué du processus thérapeutique. Le savoir et la connaissance scientifiques sont sans effet sur le patient : l'analyste n'opère pas à partir d'un savoir théorique mais à partir de la parole de l'analysant* dans sa fonction symbolisante.
Contrairement à l'hypnose, la cure – dispositif de parole – ne prive pas le sujet de la responsabilité de ses actes. Elle ne consiste pas en un simple dialogue intersubjectif. Les places de l'analyste et de l'analysant ne sont ni homologues ni symétriques : il faut compter avec le transfert*.
Ce dispositif vise la levée du refoulement*, production d'un savoir par le sujet, et repose sur le « libre exercice de la parole ». Cette application de la règle fondamentale débouche sur une double épreuve : il est impossible de tout dire et de dire n'importe quoi ; l'analysant dit souvent plus ou autre chose que ce qu'il veut (lapsus). La parole se déploie, soumise aux mécanismes de combinaison et de substitution qui président au fonctionnement du langage. Le travail de l'analyste s'effectue dans le champ de la parole, avec l'instrument du langage. Copiste attentif, lecteur fidèle du texte inconscient* transmis dans et par la parole du sujet, l'analyste est soumis à l'exigence de s'en tenir strictement à ce qu'il entend dans ce qui est dit.

« Vous savez que les moyens psychiatriques dont nous disposons n'ont aucune action sur les idées fixes. La psychanalyse qui connaît le mécanisme de ces symptômes serait-elle plus heureuse sous ce rapport ? Non, elle n'a pas plus de prise sur ces affections que n'importe quel autre moyen thérapeutique. [...] Nous pouvons grâce à la psychanalyse comprendre ce qui se passe chez le malade mais nous n'avons aucun moyen de le faire comprendre au malade lui-même. »
Freud, *Introduction à la psychanalyse*, 1916.

La psychanalyse naît avec le dispositif permettant de s'intéresser au particulier délaissé par la science : il montre que la parole obéit à des lois conduisant aux théories de l'inconscient et de la pratique à adopter pour le mettre au travail dans la cure.

Le sexuel est traumatique

Les observations cliniques obligent Freud à conclure que psychose*, névrose et perversion proviennent à l'origine d'événements sexuels.

Page de droite : *La Nourrice* d'Alfred Roll (1846-1919), musée des Beaux-Arts de Lille.

La sexualité n'est pas naturelle
Freud démontre le caractère non naturel de la sexualité avec l'examen des perversions* dans *Trois essais sur la théorie de la sexualité* (1905), tout en inventant les concepts – pulsion*, libido* – nécessaires pour s'expliquer cette sexualité.

La cause sexuelle des névroses

Le mécanisme propre des névroses* (rejet, déni ou refoulement*) porte sur une représentation* sexuelle. Freud, le premier, reconnaît que le spécifique de l'humain implique cette mise à l'écart d'une part sexuelle : son « *retour* » inévitable est la cause de toutes les pathologies psychiques.
Le sexuel ne complète pas la liste des déterminations biologiques, psychologiques et sociales : les événements sexuels à l'origine de la névrose sont souvent anodins, irréels, et beaucoup de temps s'écoule avant que les effets négatifs ne se manifestent.

Distinguer représentation et charge sexuelle

Freud différencie le souvenir et le sexuel. Il attribue le caractère traumatique au sexuel qui affecte un événement rencontré précocement, avant ou après la phase de verbalisation (chez l'enfant), mais demeuré incompris et inassimilable par la pensée : un comportement vu ou subi, une phrase ou un bruit entendus. « *Incompris* » désigne, « *avant la verbalisation* », ce qui échappe au registre de la représentation mais confère à cette dernière sa « *charge affective* ». Pour se débarrasser de cette charge, le sujet* rompt avec la représentation qui la véhicule. Le refoulement constitue un processus de guérison ! Il efface l'élément incompatible. Pour qu'une névrose se déclenche,

Le sexuel freudien et l'amour
Le sexuel freudien n'a pas le sens courant d'activité génitale* : il désigne les conséquences pour l'être parlant de la reproduction sexuée. Un écart incomblable sépare le sujet, défini par rapport à la parole, et l'organisme, soumis aux lois du vivant. Comment le vivant se fait-il représenter dans le langage ? Par la pulsion qui règle le rapport du sujet aux objets, et avec laquelle l'amour doit composer. La sexualité au sens freudien concerne tous les usages du mot amour : aimer quelqu'un, sortir, aller au cinéma...

il faut que cet élément sexuel fasse « *retour* » et réinvestisse le trou créé dans la chaîne des représentations par le refoulement : il donne « *après coup* » (d'où le décalage temporel) sa portée traumatique au souvenir refoulé, en se servant de la représentation d'un nouvel événement anodin qui évoque par un trait quelconque la première rencontre.

L'invention de la sexualité infantile

Freud décrit très tôt le nouveau-né aux prises avec l'insatisfaction, alors qu'il ne sait pas qu'il a faim : le bébé crie pour décharger cette tension physiologique. La mère répond à ce cri organique comme à un appel : elle apporte l'objet (le sein) supposé demandé. Le sujet interprète les conséquences de l'apaisement en termes de frustration : s'il est apaisé, c'est qu'il manquait. Pourquoi la mère n'a-t-elle pas donné plus tôt l'élément apaisant ? Ainsi est postulée l'existence d'une substance-jouissance* en défaut par définition. Le rapport du sujet aux objets est marqué par cette interposition de l'Autre* parlant qui introduit ce manque. L'enfant cherche à retrouver, au-delà de la satisfaction du besoin nécessaire à sa survie, ce qui pourrait atténuer ce manque. Le nourrisson suçote ses lèvres ou son pouce après la tétée, dans une quête du plaisir pour le plaisir : c'est la « *sexualité infantile* ». Freud nomme le manque « *désir** » et rapproche de la sexualité traumatique la substance-jouissance, dont le sujet découvre le défaut en rencontrant la parole : la condition du « *parlêtre* » (expression de Lacan) est de manquer.

La masturbation rend-elle sourd ?
Richard von Krafft-Ebing (1840-1902), un médecin allemand contemporain de Freud, affirme que la masturbation ou des conduites sexuelles anormales ont des conséquences psychologiques néfastes.

Freud atteint de pansexualisme ?
Mal comprise, la théorie freudienne de la sexualité amènera ses critiques à parler de « pansexualisme ».

Pour Freud, celui qui rejette la conception psychanalytique de la sexualité rejette la psychanalyse : la sexualité humaine échappe à la détermination biologique et excède le cycle de la reproduction. La sexualité du sujet parlant parasite l'organisme.

Fantasme et réalité

Freud pense d'abord que les névroses sont les conséquences de scènes réelles, avant de convenir que ces dernières peuvent n'être pourtant qu'imaginées ! Comment expliquer cette détermination du fonctionnement psychique par un fantasme ?

L'abandon de la *Neurotica*

Dans un premier temps, Freud croit que l'hystérie* résulte de la séduction des filles par le père : c'est la théorie de la *Neurotica*. Or, il découvre l'irréalité matérielle des scènes sexuelles incriminées mais aussi que cette irréalité n'atténue pas pour autant leur efficacité. L'important n'est pas de s'intéresser au vécu mais à la trace de la subjectivation* du réel* sexuel, à la façon dont le sujet* s'efforce de penser ce que le sexuel inclut d'impensable. Le fantasme* constitue la solution avec laquelle un sujet s'explique sur le caractère traumatique de sa rencontre avec le sexuel ; il construit la scène qui lui permet d'imaginer cette rencontre. Rompant par scientisme* avec l'idéal scientifique de son temps, Freud passe ainsi « *du champ de l'exactitude au registre de la vérité** » (Lacan, 1957).

> **« *Ambiguïté de la révélation hystérique du passé* […], *c'est qu'elle nous présente la naissance de la vérité dans la parole. Par là, nous nous heurtons à la réalité de ce qui n'est ni vrai, ni faux.* »**
> **Jacques Lacan (1901-1981), *Écrits*, 1966.**

L'invention du fantasme

Freud soupçonne le caractère de fiction des scènes traumatiques quand il en retrouve le souvenir chez lui, au cours de sa correspondance avec Fliess (*voir* pp. 34-35). La psychanalyse porte la marque de la névrose* de Freud : le névrosé Freud s'aperçoit qu'il règle son propre rapport au langage et à la jouissance* avec la fonction paternelle*. C'est cette solution qu'il porte à la théorie pour en vérifier la logique sous la forme du complexe* d'Œdipe* et de la fiction scientifique d'une horde primitive humaine, où ce complexe prendrait sa source. Chaque type de névrose inventerait son fantasme : assister à l'impossible coït dont le sujet est issu, dans la névrose obsessionnelle ; être séduit par le père, chez l'hystérique...

Le sujet du cogito cartésien
Le philosophe français René Descartes (1596-1650) refuse la validation des savoirs par le maître : « *C'est vrai parce que Socrate l'a dit.* » Il cherche un point de certitude à partir duquel les ordonner. Il le trouve dans l'acte de pensée « *je pense, donc je suis* », isolant ainsi le sujet de la science (*voir* pp. 56-57), auquel la psychanalyse s'intéressera.

Conséquences cliniques du fantasme

Le sujet ne souffre pas du fantasme qui oriente son désir* vers la jouissance, mais du symptôme*. Comment traiter le sexuel traumatique (réel) par le fantasme (imaginaire) ? Ce dernier ne peut que l'imaginer, sans en guérir. Le symptôme est la marque de cet échec. Dans la cure, Freud rencontre d'abord le symptôme, avant de se heurter, en arrière-plan, au fantasme comme « *à la réalité de ce qui n'est ni vrai, ni faux* ». Peu importe de savoir si le patient rend compte d'une réalité exacte. Certes, il emprunte à sa biographie pour construire le fantasme. Mais, avec l'inconscient*, il ne s'agit plus de réalité mais de « vérité » : elle désigne le rapport du sujet à la sexualité traumatique.

Toute réalité passe par la formulation dans la parole

Le terme de réalité de l'inconscient n'a pas le sens d'un « contenu » qui regrouperait les tendances cachées et les fantasmes qui proliféreraient loin de la conscience. La vérité mise en jeu et visée par l'analyste n'est pas une donnée positive : elle est antinomique avec le savoir. Le concept d'inconscient inaugure un nouveau rapport à un « *savoir insu* » plus que l'existence d'un « *savoir qui ne se sait pas* ». Le sujet méconnaît la vérité de son désir qui se manifeste dans l'équivoque de la parole. Le sujet sur lequel opère la psychanalyse se situe dans cette ambiguïté du rapport de l'individu à un savoir qui lui échappe et qui pourtant agit sur lui. Ce sujet est le sujet de l'inconscient et de l'acte de parole.

Le symptôme, au sens freudien, découle du souvenir d'une scène dont il importe peu qu'elle soit réelle ou une construction de l'analysant* : elle inclut, sous forme d'interdit, l'« impossible » sur lequel se règle son rapport au langage et à la jouissance.

L'inconscient dans tous ses états

Particulièrement liés à sa propre analyse, trois des ouvrages de Freud balisent les débuts de la psychanalyse.

Narcisse blessé
Freud pense que la psychanalyse inflige à l'humanité sa troisième blessure narcissique – l'homme n'est pas le maître en sa maison –, après Copernic (la Terre n'est pas le centre de l'Univers) et Darwin (l'homme n'est pas le sommet de la création mais l'aboutissement d'une évolution).

« Le rêve, voie royale de l'inconscient »

En 1899, Freud publie *L'Interprétation des rêves* : un ouvrage où il livre, souvent à partir de l'analyse* de ses propres rêves, les mécanismes par lesquels le refoulé parvient à la conscience malgré la censure. Plusieurs formules sont fameuses. Ainsi, « *le rêve est l'accomplissement déguisé d'un désir* refoulé* » : c'est rêver qui accomplit le désir ! Et encore, « *le rêve est la voie royale de l'inconscient** » : les mécanismes s'y lisent de façon nette, et il est aisé, avec l'interprétation*, de faire sentir au rêveur le travail de l'inconscient.

Cette analyse des rêves a souvent été mal comprise : certains y réduisent la cure ou en extraient un dictionnaire de symboles. Certes, Freud lui-même, dans l'interprétation d'un rêve où il voit la formule de la triméthylamine, avoue clairement son désir : trouver la solution de la névrose* dans les mots. Mais il prévient que les associations* du rêveur conduisent à « *l'ombilic du rêve* » dont elles ne viennent pas à bout. L'inconscient tel que défini par la psychanalyse, même interprété, reste inconscient !

« Du reste, dans quelques-uns de mes écrits – **Interprétation du rêve, Vie quotidienne –,** ***j'ai été plus franc et plus sincère que n'ont coutume de l'être des personnes qui retracent leur vie pour les contemporains ou la postérité. On m'en a su peu de gré ; je ne saurais conseiller à personne de faire de même. »***
Freud, ***Psychopathologie de la vie quotidienne,*** **1904.**

Psychopathologie de la vie quotidienne (1904)

Freud traque les formations de l'inconscient : lapsus*, actes manqués*, oublis des noms propres démontrent la détermination inconsciente. Il livre quelques aspects de sa propre analyse. Voulant dissimuler un propos liant la mort à la sexualité, il a la surprise d'oublier le nom du peintre italien Signorelli (1445-1523), qui ne lui revient que lorsque l'association refoulée est retrouvée.

Lors d'une conférence, l'une des deux seules femmes présentes porte le même prénom que celui choisi pour la patiente dont il va exposer le cas. Afin de ne pas la gêner, il change le prénom et s'aperçoit, à la fin, qu'il a opté pour celui de l'autre femme présente ! Freud s'attache à extraire, comme avec les rêves, les mécanismes actifs.

Le Mot d'esprit et ses rapports avec l'inconscient (1905)

Il consacre l'un de ses plus gros ouvrages au mot d'esprit. Humour, comique, ironie constituent autant de façons de feinter la censure, de jouer avec le langage et la garantie de la communication commune, de prendre du plaisir.

L'un des aspects précieux de ce livre réside dans l'emprunt massif à l'humour juif.

Quelques-unes de ces histoires se retrouveront dans d'autres travaux pour illustrer la logique à l'œuvre dans l'inconscient. C'est le cas de l'histoire dite du chaudron. Un homme se voit reprocher de restituer un chaudron troué. Pour sa défense, le présumé emprunteur rétorque : « *Primo, je n'ai jamais emprunté de chaudron. Secundo, le chaudron avait un trou lorsque je l'ai emprunté. Tertio, j'ai rendu le chaudron intact.* »

Autre anecdote : le rabbin de Cracovie annonce à la prière qu'il voit la mort du rabbin de Lemberg. Les jours suivants, les membres de la communauté juive de Cracovie interrogent ceux de la communauté juive de Lemberg sur les causes de la mort du rabbin. Un interlocuteur proteste : « *Le rabbin de Lemberg n'est pas mort. – Peu importe*, dit [un] fidèle, *zyeuter de Cracovie à Lemberg, voilà qui fut sublime !* »

Freud extrait minutieusement ces caractéristiques de l'inconscient : ignorance du temps et de la contradiction, phénomènes de croyance.

« Le caractère commun aux actes les plus légers comme les plus graves, aux actes manqués et accidents, consiste en ceci : tous les phénomènes en question, sans exception aucune, se ramènent à des matériaux psychiques incomplètement refoulés et qui, bien que refoulés par le conscient, n'ont pas perdu toute possibilité de se manifester et de s'exprimer. »
Freud, *Psychopathologie de la vie quotidienne*, 1904.

Freud parcourt la vie quotidienne pour s'analyser, isoler les mécanismes de l'inconscient et tenter de vaincre l'incrédulité de ses contemporains devant sa nouvelle science.

L'autoanalyse

On ne devient psychanalyste qu'après avoir été psychanalysé. Freud, l'inventeur, n'a pu rencontrer d'analyste. Il s'est soumis à une cure personnelle, tout en affirmant l'impossibilité de la véritable « autoanalyse ».

La vie de Freud, matériel de son analyse

Freud ne laisse ni récit de sa cure ni construction de son cas mais le témoignage du travail analytique sur lui : analyses* de rêves, souvenirs-écrans, formations de l'inconscient* (oubli, lapsus*…), etc. Sa pratique et sa doctrine se développent avec les progrès de sa cure et en empruntent le matériel. La clinique freudienne atteste son effort pour dépasser son désir* particulier (de personne) et l'élever au désir inédit requis par la position d'analyste (*voir* encadré). Le passage volontaire du futur praticien par l'expérience et la position du malade est un aspect nouveau dans l'histoire de la clinique et des relations.

Un désir impur
Au terme d'une cure, le sujet* voit que son symptôme a quelque chose d'irréductible à tout savoir. Il peut alors consentir ou non à l'utiliser pour en psychanalyser un autre : incarner l'échec du savoir qui pousse au transfert*. Ce consentement est l'opérateur logique de la cure, le désir du psychanalyste qui n'a rien à voir avec la pure envie de devenir psychanalyste.

La correspondance avec Fliess

« *L'autoanalyse* » de Freud n'est ni une introspection ni une confession mais une analyse au sens strict. Elle commence dans le cadre de la relation avec Wilhelm Fliess (1858-1928), de 1887 à 1902. Freud le rencontre grâce au psychiatre autrichien Josef Breuer (1842-1925), plaçant beaucoup d'espoir dans cet *alter ego*. Médecin allemand, original, personnalité scientifique peu commune, Fliess est issu du même milieu que Freud, mais plus fortuné. C'est un homme séduisant, porté sur la spéculation intellectuelle, et dont les élucubrations audacieuses touchent Freud en butte à l'étroitesse d'esprit de son cercle médical. Fliess est aussi un personnage sûr de lui, susceptible, supportant mal la critique et plus soucieux de son point de vue que de collaborer. Avec le recul, ses théories paraissent délirantes. Or Freud témoigne son admiration à Fliess pour son courage et sa largeur de vues, tandis qu'il croit en recevoir une aide bénéfique et le renfort indispensable à son propre travail de défricheur de l'âme ! La rupture, inévitable à terme, se produit de façon brutale, Fliess revendiquant la paternité des idées de Freud.

Pour oublier un ami...
La correspondance entre Freud et Fliess aurait pu restée longtemps inconnue. En effet, Freud ne souhaitait pas divulguer ce courrier, et on ne dispose d'ailleurs que des lettres envoyées par Freud à Fliess, Freud n'ayant pas gardé celles de Fliess !

La névrose de Freud

Dans le contexte de cette amitié passionnée, Freud déclenche une psychonévrose* grave (angoisse, phobies, dépression, doute, inhibition, malaises physiques). Il comprend qu'il ne s'en sortira pas avec les moyens habituels des réconforts et échanges amicaux. Il doit travailler sur lui-même comme malade. Dès juillet 1895, il analyse ses rêves et, au début, communique ses résultats à Fliess. D'intermittente, cette analyse devient systématique mais il ne compte que sur lui-même, soupçonnant le rôle de Fliess dans ses troubles. Un début de résolution coïncide avec la séparation, malgré la brouille et les accusations de Fliess pénibles pour Freud.

« *Pour comprendre les choses par rapport à lui-même* »

Dans cette période de souffrance et d'élaboration, Freud extrait deux principes essentiels de la psychanalyse : l'inconscient et la sexualité infantile (*voir* pp. 28-29). Cette autoanalyse contient les éléments d'une analyse : Freud effectue ses découvertes à partir de ses symptômes* ; il s'engage lui-même, dans une expérience où il paie de sa personne ; il voit l'implication, dans sa cure et sa névrose*, des personnes auxquelles il tient le plus (Fliess; son père, mort en octobre 1896 ; sa mère). Poursuivant son autoanalyse sa vie durant (une demi-heure par jour en fin de journée), il souligne le soin nécessaire au passage de la position d'analysant* à celle d'analyste.

Pas d'analyste non analysé ! Freud est une exception : il invite les analystes non pas à la reproduire, ce qui est impossible, mais à la retrouver, pour qu'elle serve à la psychanalyse.

Freud intraitable

Freud est inébranlable contre les dissidences au sein du mouvement psychanalytique et vis-à-vis du minimum à tenir dans la cure.

La phase de latence
De toutes les espèces, l'homme est la seule chez qui le développement sexuel est mis en sommeil (latence) avant l'adolescence... comme pour laisser au sujet le temps de comprendre, puis de tirer les conséquences de ce développement et de ses choix.

La dissidence est un abandon de la psychanalyse

Les dissidences découlent de la nécessité de vaincre les résistances* pour traiter les symptômes*. Ce n'est pas par mauvaise volonté que le dissident suspend et perd l'acquis de la cure.
Ainsi, Alfred Adler, médecin et psychologue autrichien (1870-1937), préfère la psychologie du moi* à l'étude de l'inconscient* : il privilégie la conscience contre la conception freudienne du moi qui, comme l'auguste, s'agiterait d'autant plus qu'il n'agit pas ; la névrose* dépendrait de la « *protestation mâle* » du sujet* qui tente de subordonner l'élément féminin au masculin : cette tendance naturelle compenserait les sentiments d'infériorité, et contredirait la castration* (*voir* pp. 46-47).

Jung, « fils et héritier » infidèle

D'abord responsable de l'Association psychanalytique (*voir* pp. 54-55) et dauphin enthousiaste de Freud, Carl Gustav Jung, psychiatre et psychologue suisse (1875-1961, *ci-dessous*), se désintéresse du travail en équipe, récuse le souci du détail, et résiste au poids du sexuel. Spécialiste des mythes, il néglige les processus de l'inconscient, réduit la libido* à l'intérêt psychique et à la tension organique générale, et dérive vers des thèses spiritualistes et occultistes.
Loin de démontrer la pertinence des « vérités* » psychanalytiques insupportables (*voir* pp. 30-31), il se vante de les rendre acceptables par tous. Constat d'incompatibilité, rupture et démission : tel est le sort, inévitable, d'Adler et de Jung.

Freud ne cède pas sur l'inconscient...

Accusé de dogmatisme, Freud est ouvert, mais tenace sur les conditions de sa découverte et de sa réinvention dans chaque cure, sur l'existence d'un « savoir insu » et du fonctionnement qui le produit. Il trouve un renfort dans les traditions populaires, mais suscite l'opposition des philosophes et l'indifférence des spécialistes des sciences de la vie qui ne voient aucun intérêt dans ces phénomènes analytiques. Freud démontre qu'ils ont un sens, produit du travail de l'inconscient, accessible par l'association libre*. Pour lui, contrairement à Jung, la psychanalyse ne se ramène pas aux symboles et à une pratique du sens. Elle vise la réalité sexuelle de l'inconscient dont la nouvelle signification est enregistrée sous le nom de libido.

Le prix d'une grande lucidité
En matière d'argent, l'attitude personnelle de Freud est celle d'un réaliste forcené : gagner de l'argent pour sa famille et pour faire ses voyages. Il pratique à l'occasion des traitements gratuits et pose la question d'un financement public pour les pauvres. N'est-ce pas, là encore, une marque de réalisme : quel prix une société est-elle prête à mettre pour ceux qu'elle exclut et marginalise, sachant que les pertes causées par les névroses dans le lien social sont bien plus importantes que les dépenses qu'occasionnerait leur traitement ?

... la sexualité...

La fonction de la sexualité humaine excède la reproduction et la génitalité. Elle représente une aspiration globale au plaisir et se développe en deux temps séparés par la phase de latence (*voir* ci-dessus à gauche), soumise à l'œdipe* et à la castration* : la sexualité infantile précède la sexualité adulte. Cette sexualité n'obéit ni à l'instinct animal ni à la norme sociale : la démonstration de cette thèse vaut à Freud la réprobation générale car elle implique la responsabilité de chacun dans sa conduite. Freud considère que lâcher sur cette conception de la sexualité revient à lâcher sur la psychanalyse.

Le bénéfice secondaire des symptômes
Un symptôme trahit un conflit inconscient mais permet du coup une réduction des tensions se traduisant en plaisir : c'est le « bénéfice secondaire » auquel le sujet s'attache.

... et l'argent

Freud est « *intraitable en matière d'argent* » : dans la cure, il mobilise le patient contre sa névrose, l'oblige à y mettre du sien en y mettant le prix, pour contrecarrer le coût et le bénéfice secondaire des symptômes (*voir* ci-dessus). La psychanalyse est, comme Freud, réaliste, n'exigeant pas d'autre sacrifice qu'une part d'argent.

Freud se montre ferme face aux dissidents de la psychanalyse – tout en extrayant les leçons de leurs abandons –, avec sa théorie de la sexualité, et avec le maniement de l'argent dans le transfert*.

Le désir de l'analyste

Freud invente un dispositif de traitement de la névrose. Association libre* et écoute flottante* le mettent en œuvre selon une procédure reposant sur le maniement du transfert.

Une relation de transfert

Patient et analyste recourent au simple moyen de la parole, mais la cure comporte une utilisation spéciale du langage : « *une suspension de la réalité comme au théâtre* ». Elle crée une situation liant le patient et l'analyste par le transfert*, lieu et objet, pour le patient, d'un investissement dont l'analyste est support et cause. L'application du procédé n'est pas mécanique. Au début de la psychanalyse, Freud se heurte à des difficultés inattendues malgré la collaboration de ses patients : des résistances* interrompent la progression. Les patients ne s'opposent pas à la poursuite du traitement, mais « *quelque chose* » en eux les arrête, qu'il s'agit de surmonter. La victoire sur les résistances révèle l'obstacle : représentations* insupportables, souvenirs pénibles ou vœux inavouables, avec des réactions de pudeur, dégoût ou honte.

> ***« Ce que je n'aurais jamais cru possible, c'est que quelqu'un, après avoir poussé sa compréhension de l'analyse jusqu'à une certaine profondeur, pût renoncer à ce qu'il avait acquis sous ce rapport, voire le perdre. »***
> **Freud, « Contribution à l'histoire du mouvement psychanalytique », 1914.**

L'art de la psychanalyse

Freud s'impose une conduite de la cure susceptible de « *faire parler* » ces résistances au lieu de les effacer par l'hypnose* ou la suggestion (*voir* pp. 20-21). La cure n'est pas une technique de l'aveu, mais vise l'avènement du désir* et la reconnaissance par le sujet* de sa jouissance*. L'art de Freud combine politique, stratégie et tactique. Il paie de sa personne, de ses interprétations* et de ses jugements. Sa neutralité, bienveillante et nécessaire, respecte la liberté du patient, mais sans abstention ou complaisance.

Amour de la vérité... et passion du réel

Freud a « l'amour de la vérité* » qu'il encourage chez l'hystérique : celle-ci, accusée de mensonge, dissimulation et histrionisme*, tente de glisser une vérité bâillonnée à un entourage sourd. Freud la pousse à repérer ce qu'elle sacrifie dans la vérité qu'elle fait entendre et déguise sous ses symptômes*.
Freud manifeste aussi une « passion du réel* ». Il s'agit de saisir non seulement la vérité en jeu dans les histoires que le patient (se) raconte (l'amour de Dora pour le père derrière les plaintes qu'elle lui adresse), mais aussi ce qui s'est réellement produit. Freud découvre que la question n'est pas celle de la réalité du fantasme*, ainsi que le lui suggère le névrosé, mais bien du réel du fantasme, cœur de la névrose* (*voir* pp. 30-31).

L'homme aux loups

Le cas de l'homme aux loups permet d'étudier l'observation d'un coït parental par le patient enfant : un fantasme originaire, « scène primitive », pose la question d'une représentation – impossible par le sujet lui-même – de sa naissance et de sa mort. Il est la tentative obligée de capter quand même, au moyen des accidents biographiques (traumatismes et contingences de la vie), la singularité irréductible de son être, toujours inassimilable à de la pensée. Il faut un désir décidé, comme celui de Freud, pour amener un patient jusqu'à ce point limite de la pensée où rien, dans le symbolisme et les complexes*, ne peut garantir ce qu'il est, où il est seul à pouvoir en répondre, prendre ses décisions, se servir ou pas de son ticket de guérison, user de lui-même et de son existence. Freud a poussé l'homme aux loups jusqu'à ce seuil avec un acharnement ayant entraîné des conséquences néfastes (symptômes, dépendance) qu'il s'est reprochées.

> Chez Freud, le désir opérant dans la cure se présente comme la conjonction entre amour de la vérité et passion du réel, première forme du « *désir de l'analyste* ». La cure de l'homme aux loups, ce névrosé obsessionnel, en témoigne tout particulièrement.

Le complexe d'Œdipe, la première topique

La rencontre avec l'hystérie et la pratique de l'hypnose mettent Freud sur le chemin d'un lieu autre que la conscience et d'une topologie complexe du psychisme.

Œdipe et le Sphinx **(1808), de Jean Auguste Dominique Ingres (1780-1867), musée du Louvre, Paris.**

« *L'Autre scène* »

Freud constate que, sous l'effet de l'hypnose* puis d'une psychanalyse, des symptômes* disparaissent après remémoration partielle ou totale d'idées et de souvenirs : ceux qui motivent ces symptômes mais échappent totalement à la conscience du sujet*.

Il soupçonne puis confirme l'existence d'un lieu psychique séparé de la conscience mais agissant sur elle. Cette « *Autre scène* », l'inconscient*, n'est pas le négatif de la conscience (inconscience, non-conscience), à fond métaphysique, de la philosophie préfreudienne. Elle n'est pas non plus anormale et pathologique, comme le suppose la psychologie pathologique depuis le psychologue français Pierre Janet (1859-1947).

L'inconscient freudien est le lieu où se sédimentent et s'enracinent les pensées et les représentations* qui, du fait de leur contenu sexuel, deviennent intolérables pour la conscience. Le refoulement* les maintient à l'écart, de façon dynamique. La découverte de l'inconscient et la construction de la psychanalyse sont devenues possibles avec l'invention du concept de refoulement.

« ***La théorie du refoulement est la pierre d'angle sur laquelle repose tout l'édifice de la psychanalyse*** », **écrit Freud.**

Désirs inconscients et conflit psychique

Le refoulement est à la fois un mécanisme et un pivot : il fait de l'inconscient en particulier, et de l'appareil psychique en général, ce lieu (point de vue topique*) où se déroulent les conflits (dynamique) ; ceux-ci déploient quantité d'énergie et d'investissements (économique) autour de désirs* inconciliables avec les idéaux de la conscience, et condamnés à se taire. Les premiers désirs inconscients à tomber sous l'effet de la censure sont les désirs œdipiens (désir et haine pour chacun des parents).

Le refoulement permet de distinguer les termes de la première topique : l'inconscient freudien, jamais remémoré, même interprété ; le conscient*, où parviennent éventuellement les rejetons du refoulé ; et le préconscient, ce qui n'est pas présent à la conscience, mais est susceptible d'y venir et de fournir le matériel du refoulement et du retour du refoulé.

Topique et topologie
Les topiques décrivent l'appareil psychique en termes d'organisations spatiales dont les éléments, homogènes, occuperaient des lieux (*topos* en grec) différents, séparés par des frontières géographiques. Or Freud notera que ces éléments sont de nature distincte, imposant le passage d'un lieu à un autre par un processus (refoulement) ou par des transformations logiques. Ce qui amènera une topologie (avec le psychanalyste français Jacques Lacan, 1901-1981).

L'inconscient de Freud

Au fur et à mesure de l'élaboration de la sexualité infantile (*voir* pp. 28-29), Freud sent la faiblesse de l'hypothèse de la séduction (la théorie du « trauma » ou *Neurotica*, *voir* pp. 30-31) et sa non-pertinence dans la compréhension de l'hystérie*. Surtout, il perçoit que cette conception n'est qu'une résistance* de sa part face à la réalité de ses propres désirs œdipiens ! Son erreur consiste à s'accrocher au traumatisme supposé vécu dans l'enfance comme facteur étiologique*. Elle est due essentiellement au fait qu'il a « *rencontré ici, pour la première fois, le complexe* d'Œdipe* qui devait par la suite acquérir une signification dominante* » : « *Sous un déguisement aussi fantastique je ne [le] reconnaissais pas encore.* » Avec courage, il avoue l'origine personnelle de cette erreur qui, selon lui, a failli donner un coup d'arrêt définitif au projet psychanalytique.

Il faut donc que Freud, non sans douleur, subisse la défaite de la toute-puissance narcissique devant l'exigence intraitable de son désir inconscient : l'analyse* de ce désir le conduit, bon gré mal gré, sur les chemins de la construction d'un savoir nouveau.

Ses résistances empêchent Freud d'exhumer plus tôt le complexe d'Œdipe dont il vérifie ensuite l'universalité. C'est l'un des aspects démontrant le mieux l'intrication entre la vie de Freud et son invention de la psychanalyse.

Pulsion et instinct, la seconde topique

Refoulement*, processus inconscients, symptômes... D'où l'appareil psychique tire-t-il l'énergie nécessaire à la production de ces phénomènes ?

L'énergétique freudienne

Quels sont le contenu et la nature de l'énergie qui anime l'être humain et génère la formation des symptômes* ?
Freud explore les aspects de la sexualité perverse et infantile (*voir* pp. 28-29). En 1905, il nomme cette énergie « pulsion* » : une « poussée » constante et interne, constituant en permanence « *une énergie de travail imposée à l'appareil psychique* ». Si le sujet* est séparé de l'organisme par le langage et la parole, « *la pulsion est le représentant psychique du somatique* ». L'organisme n'est que représenté : le sujet s'y heurte comme au réel* qui échappe à la représentation* ; le besoin mute en pulsion, du fait qu'il est déchiré entre les exigences biologiques et langagières.

Les pulsions sexuelles

La division entre l'être du sujet et son désir* impose la coupure entre conscient* et inconscient* : cette division constitue le point aveugle, soustrait à la conscience, de l'humain, redoublé par le caractère pulsionnel de la sexualité. Celle-ci ne se situe pas au seul plan biologique de l'animal car le sujet habite le langage. La sexualité infantile est « *polymorphe* » (multiplicité d'objets variables et contingents, de sources corporelles, de buts et de destins) et « *partielle* » (divisée entre oral, anal et phallique, selon la zone privilégiée dans les rapports avec l'autre*).
La division du sujet porte à l'unicité narcissique de l'homme préfreudien un coup fatal, égal à celui porté par la pulsion à la conception naturaliste et biologisante réduisant la sexualité à la reproduction. La pulsion sexuelle n'a plus rien à voir avec l'instinct

dont le déclenchement, l'objet, le but et l'apaisement sont réglés naturellement.
Les pulsions sexuelles s'étayent au départ sur les pulsions d'autoconservation – dites du moi* – pour s'en détacher et mener une existence autonome. La satisfaction d'un besoin vital (allaitement) procure un plaisir recherché ou halluciné, et cela indépendamment de la satisfaction première qui l'a provoqué.

Principe de plaisir et principe de réalité
L'activité psychique tend à éviter le déplaisir et à procurer le plaisir : c'est le principe de plaisir. Mais le sujet risque des conséquences plus désagréables que le plaisir obtenu ; elles doivent donc être corrigées en fonction des exigences du monde extérieur : c'est le principe de réalité.

Vers la seconde topique : le ça

La première topique* (*voir* pp. 40-41) propose une explication du conflit psychique par le dualisme entre pulsions sexuelles régies par le principe de plaisir et pulsions du moi dominées par le principe de réalité. Sous le commandement de ce dernier, le moi se défend des pulsions sexuelles en s'appuyant sur les pulsions d'autoconservation : pour Freud, le principe de plaisir se plie aux régulations du principe de réalité (*voir* ci-dessus). Mais la complication de la « *métapsychologie* » (*voir* ci-contre), imposée par des problèmes cliniques, dévoile l'insuffisance opérationnelle de cette topique. Quelle satisfaction paradoxale se cache derrière la répétition de la souffrance (dans les névroses* traumatiques, le cauchemar, le masochisme*, la réaction thérapeutique négative, la culpabilité) ? D'où la seconde topique : moi, surmoi* et ça*. En 1923, à l'annonce de son cancer, Freud redistribue la topique de l'appareil psychique où se confrontent alors pulsions de vie, pulsions de mort. Le ça – comme pôle pulsionnel d'où émergent le moi et le surmoi – y prend la position centrale que tenait le moi comme pôle défensif dans la précédente topique.

La métapsychologie
L'expérience de la cure conduit Freud à élaborer des hypothèses nécessaires à son explication, à côté (*meta* en grec) des psychologies existantes. Par exemple, la théorie des pulsions qu'il qualifie de « *sorcière métapsychologie* ».

La redistribution de l'appareil psychique autour de la pulsion de mort et du ça cerne mieux les faits cliniques laissés en suspens jusque-là : clinique de la psychose*, compulsion de répétition, masochisme primaire, réaction thérapeutique négative, culpabilité...

Transfert et répétition

Ces deux notions sont tellement liées dans la théorie et la pratique analytiques que Freud les a parfois confondues. L'importance de l'une et de l'autre n'apparaît qu'en les distinguant.

L'invention du transfert

Freud identifie le transfert* dans l'expérience et fait de sa mise en place, de son développement et de sa résolution le ressort même de la cure analytique, grâce à trois événements quasi biographiques.

Le transfert de Freud

En tant que concept de la psychanalyse, il porte la marque des expériences vécues par Freud : son amitié avec Wilhelm Fliess, par la place qu'elle a occupée pour lui, a rendu possible son autoanalyse (*voir* pp. 34-35). Freud rencontre en 1887 ce jeune oto-rhino de deux ans son cadet, qui suscite son admiration ; il attend un savoir que cet ami brillant ne détient pas : il adopte sans critique ses élucubrations délirantes sur la bisexualité, la loi de la périodicité (calquée sur la menstruation) et l'homologie entre le nez et les organes génitaux. La fascination de Freud pour son ami et l'absence de sens critique à l'endroit de sa théorie sont des faits de transfert. Mais le travail de transfert permet à Freud de voir dans les rapports entre organes génitaux* et nez un déplacement*, dans la bisexualité physiologique une « bisexualité psychique » (buts actifs et passifs coexistent chez tout sujet*) et dans la loi de la périodicité, la « répétition ».

Le transfert, c'est plus vieux qu'Hérode ! Freud ne découvre pas le transfert. Vieux comme les hommes, nécessaire et universel, il est à l'œuvre et facilement lisible dans *Le Banquet* de Platon (427-347 av. J.-C.) ou dans l'évocation du « dieu des philosophes ».

Le transfert sur Freud

Expérience du temps de la collaboration avec le psychiatre autrichien Josef Breuer (1842-1925) : « *Comme ce jour-là je venais de délivrer de ses maux l'une de mes plus dociles patientes* [...], *ma patiente en se réveillant me jeta les bras autour du cou. L'entrée inattendue d'une personne de service nous évita une pénible explication, mais nous renonçâmes de ce jour et d'un commun accord à la continuation du traitement hypnotique. J'avais l'esprit assez froid pour ne pas mettre cet événement au compte de mon irrésistibilité personnelle et je pensais maintenant avoir saisi la nature de l'élément mystique agissant derrière l'hypnose*.* » (Extrait de *Ma vie et la psychanalyse*, 1924.) Freud voit dans l'attachement qu'ont ses patients guéris pour ses proches un résidu de transfert. Dès les *Études sur l'hystérie** (1895), il repère des transferts sur sa personne, qu'il nomme « *mésalliances* » ou « *fausses connexions* ». Il faut attendre le traitement de Dora en 1900 (*voir* pp. 38-39), et surtout sa relecture critique en 1920, pour que le concept de transfert soit établi en tant que tel.

Le *Fort und Da*

1914-1918 : la guerre affecte Freud, sujet de l'Empire austro-hongrois. Ses deux fils, Martin et Ernst, se retrouvent sous les drapeaux. En septembre 1915, chez sa fille Sophie à Hambourg, Freud observe le jeu de l'aîné de ses petits-fils qui, en l'absence de sa mère, fait disparaître et réapparaître une bobine, accompagnant cet acte de deux syllabes signifiantes : « Oooo »-« Da ! », pour dire *Fort-Da*, (« parti-ici »). Freud est d'abord amené à corréler le *Fort* avec le départ de la mère. Ce jeu et son interprétation*, ainsi que les enseignements tirés de la clinique des névrosés de guerre (leurs cauchemars par exemple), révèlent à Freud le phénomène de la répétition : sous son triple aspect d'insistance du refoulé, de mise en acte et d'au-delà du principe de plaisir. En effet, le sujet répétant une scène dont il souffre, y trouverait « *quelque chose* » de plus fort que le plaisir.

Ci-dessous : **Freud et ses deux fils – Ernst assis et Martin debout –, tous deux appelés sous les drapeaux pendant la Grande Guerre.**

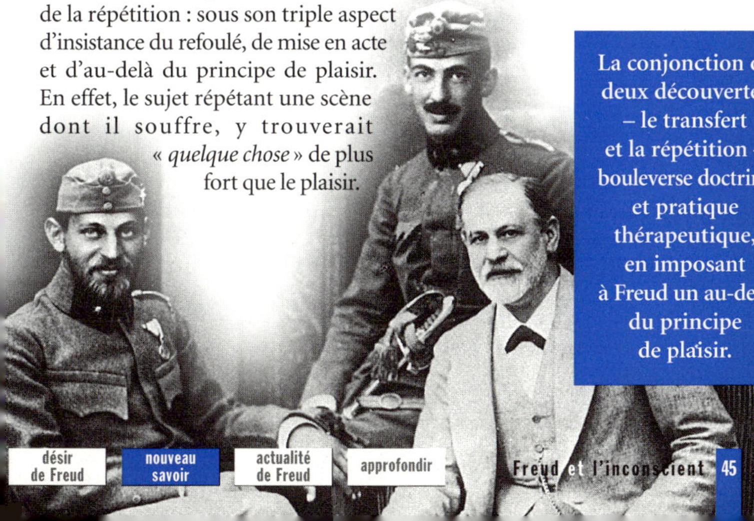

La conjonction de deux découvertes – le transfert et la répétition – bouleverse doctrine et pratique thérapeutique, en imposant à Freud un au-delà du principe de plaisir.

Complexe de castration et au-delà de l'œdipe

Freud ne trouve pas le complexe de castration par l'analyse de ses rêves et l'observation empirique. C'est la clinique qui impose de le déduire.

Échange de points de vue
La cure du petit Hans est la première analyse* de contrôle : il s'agit de débattre de cette analyse (ici, pour le père Max Graf), à des fins de formation ou non, avec un autre analyste (Freud) que celui qui dirige le traitement.

De l'œdipe à la castration

Freud découvre complexe* d'Œdipe* et fantasmes* connexes à partir du déchiffrage de ses rêves. Mais loin de repérer le complexe de castration* dans la suite directe de l'œdipe et par « *la voie royale du rêve* » (*voir* pp. 32-33), il doit passer par l'inconscient* d'un autre pour y accéder.
En effet, le jeune Herbert Graf, dit le petit Hans (*voir* ci-contre), fils d'un couple d'élèves de Freud, souffle à celui-ci (qui contrôle la cure dirigée par le père, Max Graf) le complexe de castration. Hans l'invente en réponse à la première interprétation œdipienne de l'Histoire, effectuée par Freud. Hans s'interroge sur trois thèmes, et y répond par des constructions homologues à celles relevées par Freud en 1905 comme « *théories sexuelles infantiles** » (*voir* pp. 28-29) : le pénis comme attribut universel, la théorie de la naissance « cloacale* » et les conceptions « sadiques » du coït (le père agresse la mère).

La castration, c'est d'abord celle de la mère

Bien que traversant ces théories, la question de la castration est le plus directement évoquée par l'attribution universelle du pénis. Hans montre que ce qui est déterminant pour le sujet* et donne à la castration

Freud : « *Je lui révélai alors qu'il avait peur de son père justement parce qu'il aimait tellement sa mère* […]. *Bien avant qu'il ne vînt au monde, j'avais déjà su qu'un petit Hans naîtrait un jour qui aimerait tellement sa mère qu'il serait par la suite forcé d'avoir peur de son père, et je l'avais annoncé à son père.* »
Hans : « *Le professeur parle-t-il avec le bon Dieu, pour qu'il puisse savoir tout ça d'avance ?* » Extrait de « *Analyse d'une phobie chez un petit garçon de 5 ans (le petit Hans)* », 1909.

sa valeur structurante, efficiente (dans le choix du sexe), c'est sa découverte comme castration de la mère. Parler de castration de la mère suppose qu'elle soit d'abord dotée d'un pénis (« mère phallique »).

Le père réel : agent de la castration

La castration maternelle n'est pas la perception de l'absence de pénis chez elle : à ce niveau-là, elle ne manque de rien ! La castration est une « conséquence » de l'interprétation* « *de la différence anatomique entre les sexes* », dès que le père* entre en jeu (*voir* pp. 48-49). Elle n'est concevable qu'avec l'interdit porté par le père œdipien (et non par la mère) sur la jouissance* de la mère : qu'a le père que l'enfant « n'est pas » pour la mère et « n'a pas » puisqu'elle désire ? Freud restreint « *le terme de complexe de castration aux excitations et effets en relation avec la perte du pénis* » : la présence/absence du pénis comme l'alternance érection/détumescence permettent de symboliser le défaut de jouissance et le lient au sexe.

Au-delà du complexe d'Œdipe

La castration est le noyau réel enserré par le mythe œdipien dans la théorie de Freud. Elle se situe aussi dans son au-delà, ne se limitant pas au « complexe » qui l'« imaginarise ». La castration n'est ni un fantasme, ni la menace sur l'organe, ni l'angoisse de sa perte. Castration de jouissance, elle est non pas le fait du père en tant que tel mais du langage, c'est-à-dire un fait de structure chez l'être parlant (*voir* pp. 28-29).
Freud soupçonne deux types de castrations : l'imaginaire, dont la menace terrorise le sujet, et la symbolique, qui permet au sujet d'enregistrer comme incurable le défaut de jouissance causant son désir*. S'il était curable, le désir serait inexistant. La castration partage la jouissance entre celle qui est réductible au manque et celle qui ne l'est pas. Avec cette dernière, le névrosé fabrique la figure menaçante du père* réel. Il y va de la jouissance incurable du symptôme*, à quoi le sujet est conduit au terme d'une cure.

Le complexe de castration fournit la raison de nouveaux paradoxes cliniques. Son thème n'est jamais isolé du complexe d'Œdipe. Il s'inscrit tout entier dans sa dialectique et en constitue l'essence.

Pulsion de mort et civilisation

Devant le triomphe que les États-Unis lui réservent en 1909, Freud confie au psychiatre suisse Carl Gustav Jung (1875-1961) : « *Ils ne savent pas que je leur apporte la peste.* » La psychanalyse, une peste ?

L'interdit fait jouir
L'interdit trace une limite entre le désir et la jouissance à laquelle le sujet doit renoncer. L'interdit est un nom du désir. Du coup, tout interdit concret suscite le désir de le franchir. Et la jouissance serait là !

Un malaise dans la civilisation ?

L'inconscient* est un trou « irreprisable » du savoir. Le désir*, de nature insatisfait, est l'essence de l'humain. « *Le moi* n'est plus maître en sa maison* » avec le fantasme*, les pulsions*, l'inconciliable du sexuel. L'éthique du « bien-dire » montre non pas que « toute vérité* n'est pas bonne à dire », mais que « la vérité est impossible à dire toute ». Un « incurable » s'installe au cœur de l'humain, malade de parler : c'est un symptôme* irréductible. La « *perversion* polymorphe* » des enfants, le « *sentiment inconscient de culpabilité* », la « *pulsion de mort* », l'« *au-delà du principe de plaisir* » (*voir* pp. 44-45) conditionnent, selon Freud, le pronostic sans guérison du « *malaise dans la civilisation* ».

Le temps du désir

Parler de pessimisme freudien tente de protéger le sujet* de l'horreur (*voir* encadré). Celle-ci est présente dès la naissance de la psychanalyse : à 18 ans, l'hystérie* d'Emma est déclenchée par le sourire d'un vendeur séduisant. L'analyse* retrouve le souvenir de l'étreinte qu'elle a subie passivement de la part d'un boucher à 8 ans. Pourquoi la scène, sans conséquences les dix dernières années, traumatise-t-elle après coup ? Parce que, entre-temps, le désir sexuel d'Emma, éveillé, interprète sa visite quotidienne dans la boutique

L'horreur est humaine
La peste habite et captive l'humain que la contamination ne répugne pas. Sans doute est-ce là ce que la psychanalyse introduit de plus insupportable : le sujet est responsable de sa position. L'horreur n'est pas un accident de l'histoire : « *l'horreur est humaine* ». Le sujet ne peut jamais être tenu pour quitte. Il est toujours interrogeable sur sa participation.

après les attouchements : n'était-elle pas intéressée ? Emma se défend de l'horreur de sa participation délibérée à la jouissance* obscène.

Le père réel ou père de la jouissance

Pourquoi cette participation apporte-t-elle plus de déplaisir que de plaisir ? L'humain naît séparé de la jouissance qui, du coup, cause le désir : renouer avec elle saperait les fondements de l'humanité. D'où la prohibition de l'inceste.

Le travail de Freud sur la phobie éclaire cet aspect. L'enfant sans appui de la fonction paternelle* (*voir* pp. 30-31), malgré la présence d'un père* concret, met une phobie entre lui et le père réel* (de la jouissance, *voir* pp. 46-47) : Hans délimite sa communauté humaine au moyen de l'animal phobique (les chevaux) comme les sociétés traditionnelles érigent un totem animal (*voir* ci-contre).

Pourquoi l'enfant fabrique-t-il un tigre de papier pour se faire peur et éviter la défaillance du langage au-delà des limites de l'humain, où régnerait la figure terrible du père jouisseur ? L'horreur de ce que l'humain perd à parler fascine autant qu'elle terrifie : elle « présentifie » la jouissance de l'Autre*, celle qui survivrait à la castration*, que le désir poursuit en vain sauf à s'anéantir.

Totem et Tabou

C'est avec cet ouvrage, publié en 1913, que Freud pose les fondements de l'humanité dans un renoncement à la jouissance : des « animaux » s'allient pour tuer leur chef qui confisque à son profit la jouissance des femmes. Mais une fois mort, ils renoncent à la jouissance pour sauver l'alliance et se reconnaissent comme « fils du mort » qu'ils érigent en totem.

La question léguée par Freud

Freud théorise le lien social en affrontant le nazisme, l'autodafé de ses ouvrages, l'abandon de la direction de son Association internationale de psychanalyse entre les mains de non-juifs. Il retarde la parution de son *Moïse égyptien* (1939) pour ne pas porter préjudice aux juifs persécutés ni irriter l'Église catholique. Au physicien Albert Einstein (1879-1955) qui interroge : « *Pourquoi la guerre ?* », il donne une réponse toujours d'actualité : si l'homme fait la guerre pour régler son rapport à l'autre*, il n'y a aucun progrès éthique depuis le meurtre du père de la horde primitive (*voir* pp. 30-31). Comment la pulsion de mort peut-elle se mettre au service de la civilisation ?

Freud découvre que l'humanité est travaillée par la pulsion de mort, que la civilisation ne dépend pas de son refoulement* ou de son éradication, mais de son intrication avec les pulsions de vie.

Freud, le juif athée

Freud s'interroge sa vie durant à propos du judaïsme : athée, il tient à rester juif. Qu'est-ce qui fait, à ses yeux, le génie du judaïsme ?

La psychanalyse, une science juive ?

Cette question parcourt sa correspondance : « *Pourquoi attendre que ce fût un juif tout à fait athée* » qui invente la psychanalyse ?

Ne craignant pas de faire partie d'une minorité, Freud échappe au savoir dominant de son temps, conformément au mode de pensée talmudique : il ne rejette pas les idées de la modernité, mais les intègre à sa réflexion ; dans le judaïsme, il n'y a pas de dogme à respecter.

Freud sait sur le judaïsme – d'un savoir inconscient* – plus qu'il ne veut ou ne peut en dire. À côté des références gréco-romaines, le judaïsme contribue aux fondements de la psychanalyse : interprétation issue de l'exégèse biblique, importance donnée aux détails, humour...

Freud pense même que la psychanalyse est plus accessible au psychiatre hongrois Sandor Ferenczi (1873-1933) et à l'Allemand Karl Abraham (1877-1925) du fait de leur judéité qu'au psychiatre suisse Carl Gustav Jung (1875-1961). Et sa crainte de voir la psychanalyse interprétée comme une science juive montre qu'il lui trouve « *quelque chose de juif* », au moins l'origine. Sans faire d'elle, science du contingent et du particulier, une science juive.

Le meurtre de Moïse

Freud consacre deux textes à la figure de Moïse. Le premier, *Le Moïse de Michel-Ange*, est publié en 1914 de façon anonyme. Freud reconnaît tardivement « *cet enfant non analytique* ». Confronté à la statue, il est saisi par son regard courroucé : il se voit sous l'œil de Moïse à la place de la populace

parcours et apprentissage | dans le savoir de son temps | savant en rupture | invention de la psychanalyse

jubilant de « *l'illusion que procure l'idole* ». Freud interprète autrement que les historiens de l'art et de la Bible le mouvement de la statue : Moïse ne jettera pas les tables de la Loi, il a une tâche à accomplir : la transmission de cette Loi.
L'*Homme Moïse* paraît durant l'exil à Londres en 1939, quand Freud « *peut recommencer à penser* » (*voir* pp. 10-11). Moïse devient un Égyptien toujours aux prises avec la transmission. Mais, d'un Moïse à l'autre, il y a un renversement : la transmission s'opère par traumatisme. Moïse l'Égyptien est assassiné et remplacé par le Moïse juif. Le judaïsme naît et se transmet depuis cet assassinat, tel celui du père* de la horde primitive (*voir* pp. 48-49) : le meurtre d'un non-juif fonde la Loi !

Humour juif...
Freud se serait amusé de l'histoire de ce rabbin fou qui court dans la ville en criant :
« ***J'ai les réponses ; qui a les questions ?*** »

Le souci de transmission

L'*Homme Moïse* s'inscrit dans la veine de *Totem et Tabou* (*voir* pp. 48-49). Freud y situe la naissance du phénomène religieux comme nostalgie du père, et s'interroge sur la genèse de l'antisémitisme.
Avec courage, il publie cet ouvrage : sa thèse fragile est un « *colosse aux pieds d'argile* » qui enlève Moïse (un Égyptien) au peuple juif, en pleine persécution nazie. La certitude qu'il doit « *transmettre* » le pousse à faire abstraction de ces difficultés.
Loin de clore la psychanalyse, cette œuvre l'ouvre à une réflexion nouvelle, et s'oppose aux thèses radicales et racistes des nazis : la transmission n'a rien de biologique, celui qui a fondé le judaïsme n'est pas juif !
Freud lègue cet « *être juif* », comme son « *que veut une femme ?* » (*voir* pp. 24-25). À ces énigmes, pas d'autre réponse que celle de chaque sujet*. L'important réside moins dans la solution que dans le chemin ouvert par ce questionnement.

Freud s'appuie sur le particularisme juif pour résister aux idéologies et ranger Moïse parmi les grands hommes ayant contribué au legs de la fonction paternelle* à l'humanité.

Psychanalyse et religion

Psychanalyse et religion sont-elles incompatibles ou non ? Freud voit dans la religion une illusion dont beaucoup ont besoin pour se protéger de la dureté de la vie.

Fanatisme et intégrisme
La religion est à distinguer de l'intégrisme car elle fait une place au doute obsessionnel. Tandis que l'Autre de l'intégrisme parvient à imposer ses certitudes guérissant, dans le fanatisme, le sujet des conséquences de son indétermination.

La religion : « *une névrose obsessionnelle universelle* »

Freud est tolérant à l'égard des croyants. Un interlocuteur lui demande de reconnaître les signes que Dieu lui envoie. « *Dieu ferait bien de se dépêcher*, répond-il, *s'il tient à me convertir !* »
Il ne recule pas sur les implications de la psychanalyse. Psychanalyse et religion se croisent sur le terrain de la cure : les paradis religieux ont même structure que les fantasmes* et les désirs* infantiles (*voir* pp. 28-29). Les premiers ne seraient-ils pas la projection des seconds, une « *illusion* » ?
La découverte du complexe* d'Œdipe* lie la figure de Dieu à la fonction du père* et à l'expérience paternelle : la religion inclut « une part de vérité* ». Se passer de la religion devient se passer du père : est-ce possible ?
L'approche freudienne ne consiste pas à psychanalyser la religion, mais à examiner les rapports entre sujet* et religion.
La cure apprend que chacun passe par une crise – la névrose* infantile – dont il extrait les fondements de son rapport au monde (le fantasme*), une position subjective (névrose, psychose* ou perversion*) et son symptôme* éventuel, ainsi que le choix d'une position sexuée.
Elle enseigne aussi que le sujet, en adoptant très tôt une solution religieuse, s'économise une solution personnelle : la religion serait une « *névrose obsessionnelle universelle* ».

« *Le salut de l'homme est dans le choix* », aimait à répéter Freud interviewé par Robert de Traz dans *Les Nouvelles littéraires*, mars-avril 1923.

La névrose : un progrès sur la religion ?

Que promet la cure ? Au névrosé, incapable de se déterminer, elle entend restituer sa capacité de choix dans les registres de l'amour et du travail, sa capacité d'acte.

Le sujet de l'acte est le sujet de l'acte de parole : aucune détermination ne le dispense de sa responsabilité. Son consentement est requis. Il est responsable de ce qu'il fait de ses déterminations. Contrairement à ce que dicte la pensée catholique, l'anatomie ne lui impose ni son partenaire sexuel ni les conditions de son désir.

Le sujet, entre indétermination et péché originel

L'indétermination, sans laquelle cette responsabilité est impensable, repose sur l'antinomie du fantasme et de la religion. De cette indétermination, le névrosé ne veut pas : il recherche le responsable de ses malheurs du côté des déterminations familiales, biologiques et sociales, voire divines ! Ce qui revient à s'en remettre à l'Autre* du sujet et à tenter de le faire exister.

L'analysant* incrimine ses parents : s'il est névrosé, c'est parce qu'il a tel type de mère ou de père. Certes, ce n'est pas la même chose d'avoir tel type de père ou de mère plutôt que tel autre. D'autant que c'est le discours de cet Autre qui transmet au sujet les éléments nécessaires à sa réalisation : savoir, jouissance* et objet du désir.

Le névrosé met dans le développement organique ou dans le milieu familial la raison des accidents pathologiques. Adopter la solution organique revient à se priver de toute responsabilité dans le choix de sa position (réduite aux déterminations biologiques). Adopter la solution familiale devrait conduire à suspecter les parents et, dès lors, les parents des parents, etc. jusqu'à Adam et Ève ; ce qui revient à interpréter cette suggestion psychologique comme une version scientifique du péché originel !

L'autiste : sujet ou individu ? **Le débat contemporain sur l'autisme tourne autour de sa définition comme accident biologique affectant le développement. Les détracteurs de la psychanalyse y voient un moyen de démontrer la détermination génétique du sujet* de la parole, privé de responsabilité et réduit en même temps à un effet – ou produit – naturel.**

Toute localisation de la détermination du sujet dans un Autre (biologique, psychologique, social) peut être qualifiée de religieuse. Et cela grâce à Freud qui permet au sujet de se défaire de cet Autre dans l'acte, forcément athée !

Politique et transmission de la psychanalyse

Politiquement, Freud bute sur un problème encore irrésolu : comment créer une collectivité de psychanalystes avec des sujets devant chacun réinventer la psychanalyse ? Et quelle institution peut transmettre ce qui ne se transmet pas ?

Être juif ou ne pas l'être ? Une anecdote rapportée par Ernest Jones, psychanalyste britannique (1879-1958), éclaire bien les tensions entre goys et juifs au sein de l'API. Comme il fait part à Carl Gustav Jung, psychiatre suisse (1875-1961), qu'il n'a pas voté pour sa réélection à la tête de l'Association (22 opposants contre 52), ce dernier lui rétorque : « *Je vous croyais chrétien* [non juif] *!* »

Les Français absents
Pas de Français autour de 1910 au sein de l'API, sauf le professeur Moricheau-Beauchamp de Poitiers qui correspond avec Freud.

L'Association psychanalytique internationale (API)

En 1910, Freud invite les associations nationales, structurées sur le modèle de la *Société viennoise du mercredi* (réunion des pionniers de la psychanalyse autour de lui, depuis 1902), à constituer l'Association psychanalytique internationale. Chargé de présenter le projet, le psychiatre hongrois Sandor Ferenczi (1873-1933) suscite l'hostilité en déclarant que « *les conceptions psychanalytiques n'aboutissent pas à une égalisation démocratique* » et en appelant à la constitution « *d'une élite du genre de celle que Platon avait établie pour les philosophes* ». Sans doute, Ferenczi perçoit-il qu'une association de psychanalystes réunit des gens devant se soumettre à une psychanalyse et se débrouiller avec des liens relevant de transfert* entre eux. Pour Freud, les foules se répartissent en deux types dont il fait la critique : l'Église et l'armée ; or, il ne cherche pas à inventer un modèle différent pour la psychanalyse, sauf qu'il refuse d'en être le pape ou le général. Freud doit vaincre les tensions entre Américains et Européens, juifs viennois et goys suisses, surmonter les dissidences, pour réussir à rassembler, dans cette association, Américains du Nord, Anglais, Autrichiens, Hollandais, Hongrois, Polonais, Russes, Suisses, et même Australiens.

Le comité secret

Devant les défections (d'Adler, Jung et Steckel) et en attendant que les analysants* de Freud n'essaiment dans le monde, Jones propose à Ferenczi la constitution d'une « vieille garde » autour de Freud, liée par un pacte : ne pas prendre position publiquement contre un aspect de la théorie sans en discuter d'abord en son sein. Outre Jones et Ferenczi, le comité s'adjoint Abraham, Rank et Sachs et, un peu plus tard, Eitingon. Freud décide de rester en dehors, tout en se réjouissant de l'existence de ce conseil d'amis : « *Il surveillerait le développement futur de la psychanalyse et défendrait notre cause contre les gens et les accidents lorsque je n'y serai plus.* » Le comité fonctionne de 1913 à 1923 et finit par rencontrer les mêmes difficultés internes que l'Association : soupçon des non-juifs par les juifs, dissensions. Mais surtout, cette génération de psychanalystes est assez inégalement analysée !

Les membres du comité secret, ce conseil de psychanalystes, amis de Freud.

Freud lançant ironiquement à Joan Rivière, une psychanalyste, au début de sa première séance d'analyse, en 1920 : « *Eh bien, je sais déjà quelque chose sur votre compte ; vous avez eu un père et une mère !* » Cité par Ernest Jones dans *La Vie et l'Œuvre de Freud* (1958, 1961, 1969).

L'analyse didactique

Devant les problèmes posés au groupe par la névrose* de chacun, l'idée vient aux psychanalystes de se faire analyser. Jones est le premier à s'analyser avec Ferenczi, lequel prend des séances auprès de Freud.

Peut-être en raison de la difficulté à analyser – sans avoir été psychanalysé – puis des insuffisances éprouvées de sa propre analyse, Ferenczi propose, dès 1910, que l'API soit certes un lieu de travail, mais aussi d'analyse* mutuelle des membres. Il introduit plus tard le terme d'analyse didactique. Freud lui-même attire l'attention sur l'analyse du praticien en 1912. La psychanalyse ne se transmet pas. Il revient à chaque psychanalyste de se soumettre aux conditions qui lui permettent de la réinventer. Elle souffre, aujourd'hui encore, de cette tension entre sa nécessaire invention « au un par un », l'institutionnalisation des acquis, et la gestion du « mouvement » psychanalytique. C'est pourquoi les scissions jalonnent son histoire.

Le succès de Freud pose toujours deux problèmes : l'organisation internationale des psychanalystes et la transmission de la psychanalyse.

Freud, passeur vivant

Plus d'un siècle après la naissance de la psychanalyse, son statut scientifique est l'objet d'une controverse.

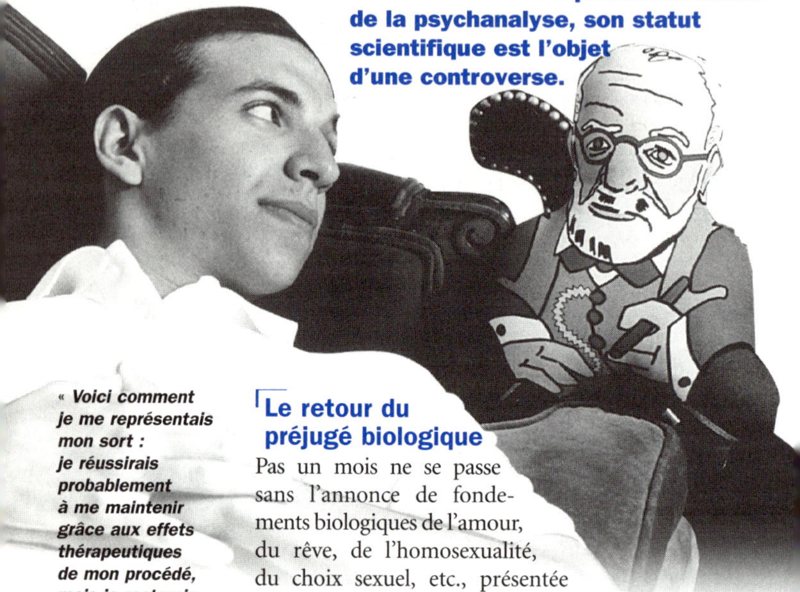

« Voici comment je me représentais mon sort : je réussirais probablement à me maintenir grâce aux effets thérapeutiques de mon procédé, mais je resterais ignoré par la science tant que je vivrais. Quelques dizaines d'années après ma mort, un autre découvrirait inévitablement ces mêmes choses, aujourd'hui inactuelles, saurait les imposer à l'acceptation générale et m'élèverait à la dignité d'un prédécesseur malheureux. »
Freud, « Contribution à l'histoire du mouvement psychanalytique », 1914.

Le retour du préjugé biologique

Pas un mois ne se passe sans l'annonce de fondements biologiques de l'amour, du rêve, de l'homosexualité, du choix sexuel, etc., présentée comme un pavé dans la mare de Freud. Sans compter les ouvrages qui visent Freud par des révélations sur sa névrose*, ses obsessions*. Pourquoi une telle rage ? Si la preuve des bases biologiques de tel trait humain n'en finit pas d'être apportée, c'est que « quelque chose » se dérobe au savant. Et tenter de discréditer Freud par les particularités de sa vie est un hommage à la psychanalyse !

Le réel de la science et le désir du savant

Au XVIIe siècle, la science moderne naît avec l'avènement du primat du réel sur le savoir : l'astronome allemand Johannes Kepler (1571-1630) découvre que les astres ne tournent pas aussi rond que Claude Ptolémée, astronome grec (IIe siècle), le prétend. Le savoir de la science se renouvelle plus qu'il ne s'accumule. Dans cette conquête, la science a besoin d'un passeur : le désir* du savant. Ce désir s'appuie sur le savoir existant pour se diriger vers ce qu'il ignore. Ce désir, les Anciens l'avaient baptisé « *passion de l'ignorance savante* ». Mais le désir de ce sujet* pour ce qui est ignoré (« le réel* » de la science) constitue un trou dans les savoirs existants : il permet d'en sortir, conditionnant alors leur renouvellement. Pour être objective et universelle, la science efface les traces du sujet, côté savant et côté objet. Elle fait taire les objets dont elle traite, ainsi l'écart entre astrologie et astronomie. Le sujet est le seul objet qui continue à parler après le passage de la science. Freud a inventé la psychanalyse pour accueillir ce sujet de la parole, auteur de la science, et que pourtant celle-ci tend à rejeter de son champ, parce que, résistant à sa réduction comme objet, il objecte à son savoir.

Disparition de Freud et des siens
Le cancer de la mâchoire de Freud est diagnostiqué en 1923, date à laquelle il est opéré une première fois ; mais il en meurt le 23 septembre 1939. Ses quatre sœurs périront dans les chambres à gaz. Tandis que Martha, son épouse, lui survivra jusqu'en 1951.

La psychanalyse face à la psychologie dite scientifique

Une psychologie s'efforce de faire du sujet un objet de la science. Ce traitement gomme les particularités subjectives dans une collection où les individus* sont équivalents : cette conception a conduit à des tentatives néfastes de régler la politique sur la science des individus (comme l'a fait le nazisme). Si cette psychologie réussissait à éliminer le sujet de la parole et à boucher le trou de la science, elle priverait cette dernière de ses conditions d'effectuation : sous couvert de science, elle masquerait une démarche profondément antiscientifique.

Freud a changé le rapport au savoir et la nature du lien social. Que l'on soit pour ou contre la psychanalyse, les faits plaident pour un sujet capable d'échapper à ses déterminations, et donc d'apporter sa contribution créatrice à l'humanité.

Le sujet de la psychanalyse est le sujet de la démocratie...

Le sujet de l'acte, de la parole, celui qui se soustrait à ses déterminations individuelles pour devoir s'expliquer sur sa position, ce sujet est le même que le sujet de la démocratie et que celui de la science. Gardienne de ce sujet, la psychanalyse soutient contre l'idéologie politique le sujet de la démocratie, contre le positivisme* le sujet de la science, et contre la médicalisation psychothérapeutique le sujet de l'éthique.
La science d'après la psychanalyse ne pense pas plus qu'avant (remarque du philosophe allemand Martin Heidegger, 1889-1976). Mais le savant peut-il faire l'impasse sur la psychanalyse ?

Glossaire

Acte manqué : acte – ou action – inattendu, qui vient contrarier l'acte – ou l'action – que consciemment l'on avait projeté de faire. Exemple : rater le train qu'on avait prévu de prendre pour un voyage auquel on tenait beaucoup.

Affect : charge ou investissement qui accompagne une représentation* (exemple : le dégoût).

Analysant (ou psychanalysant) : désigne celui qui entreprend de suivre une cure psychanalytique. Le participe présent indique que c'est lui qui travaille (à dire vrai, c'est son inconscient*).

Analyse (ou psychanalyse) : c'est à la fois une méthode de traitement des névroses* inventée par Freud, un moyen d'investigation des processus psychiques, une théorie impossible à élaborer sans cette méthode et ce moyen.

Animisme : croyance qu'ont en commun les sociétés dites primitives, les enfants et les névrosés. Elle consiste à attribuer une âme aux phénomènes naturels, et cherche à les rendre favorables par des pratiques magiques (rituels religieux ou névrotiques).

Aphasie : perte de la parole ou de la compréhension du langage à la suite ou non d'une lésion corticale du cerveau. Dans le cas d'une lésion organique, sa localisation détermine le type d'aphasie : soit une aphasie motrice (aire de Broca), soit sensorielle (aire de Wernicke).

Association d'idées : fait psychologique selon lequel une idée ou une image en évoque toujours une autre. Ces liens cognitifs* constituent parfois de véritables complexes* (*voir* associationnisme*).

Association libre : règle fondamentale par laquelle le psychanalyste invite l'analysant* à dire tout ce qui lui vient à l'esprit sans chercher à le contrôler, l'orienter ou le sélectionner. Elle est destinée à confronter ce dernier à ce qu'il y a de non libre dans la parole. L'association libre invite le sujet* à dire toutes les pensées qui lui viennent à l'esprit, sans tri, sans jugement, sans discrimination.

Associationnisme : doctrine philosophique qui fait de l'association des idées* la première loi de la vie mentale et le principe de toute connaissance ; cette doctrine est reprise aujourd'hui par la psychologie cognitive*.

autre : avec une minuscule, « autre » désigne mon semblable, celui qui est à mon image, imaginaire donc.

Autre : avec une majuscule, l'« Autre » désigne ce que le sujet* rencontre de radicalement différent, au-delà de l'imaginaire. L'« Autre », c'est encore ce lieu où l'on situe ce qui détermine ou cause le sujet, tout en lui étant antérieur (le langage) ou hétérogène (le réel*).

Biologisme : se dit d'une idéologie plus que d'une doctrine qui postule *a priori* que tous les phénomènes psychologiques se ramènent à une détermination biologique en dernière instance.

Boulangisme : le général français Georges Boulanger (1837-1891) réunit autour de lui, dans le même mouvement, divers opposants au régime républicain (1885-1889).

Ça : Freud baptise ainsi le réservoir des pulsions*, ce qui n'est pas du registre de la représentation* et qui de ce fait cherche à se faire représenter, constituant ainsi le moteur énergétique de l'appareil psychique.

Castration : c'est d'abord l'interprétation* que l'enfant se donne pour expliquer la différence anatomique entre l'homme et la femme ; c'est ensuite la menace imaginaire, prononcée ou non, mais que le névrosé prête à un autre* qui le tiendrait ainsi écarté de la jouissance* : il s'agit ici du complexe* ; c'est enfin l'opération grâce à laquelle le sujet* symbolise comme structural son défaut de jouissance et l'identifie à la cause de son désir*.

Cloacal : adjectif qualifiant l'orifice des voies digestives, par lequel l'enfant ignorant tout de la reproduction imagine la naissance des enfants.

Cognition/cognitif : désigne l'acquisition et le traitement des informations par un individu*.

Complexe : ensemble structuré d'éléments que le sujet* intériorise comme matrice de ses relations avec les autres, le monde et lui-même.

Condensation : l'un des mécanismes dont use l'inconscient* (l'autre étant le déplacement*) pour mettre ou maintenir une représentation* hors de la conscience. Elle consiste dans le fait que plusieurs idées ou images (signifiants) sont représentées par une seule idée ou image à la faveur d'une caractéristique commune (*voir* déplacement).

Conscient : une pensée est dite consciente quand elle désigne un contenu concret d'une pensée que l'on a présente à l'esprit.

Déplacement : l'un des mécanismes dont use l'inconscient* (l'autre étant la condensation*) pour mettre ou maintenir une représentation* hors de la conscience. Elle consiste à faire représenter une idée ou une image (un signifiant) par une idée ou une image voisine ayant au moins un point commun avec la première. La psychanalyse rapprochera condensation et déplacement des deux opérations linguistiques produisant le sens : métaphore et métonymie.

Désir : le défaut de satisfaction totale chez l'être humain le pousse à tenter de retrouver ce qui pourrait le combler. C'est ce mouvement de retrouvaille qui est appelé désir.

Écoute flottante : mode d'écoute du psychanalyste adapté à l'association libre* et qui consiste à ne privilégier par avance rien de ce que dit l'analysant*, de façon à laisser ce qui est important se dégager de l'enchaînement des idées, sans l'intervention intempestive du clinicien.

Épistémologie : théorie qui s'intéresse d'un point de vue critique au développement, aux méthodes et aux résultats des sciences.

Étiologie : partie de la clinique médicale ou psychologique qui s'intéresse à l'origine des maladies ou des psychopathologies et, par extension, des faits psychanalytiques (névroses*, psychoses*, symptômes*).

Euristique : l'adjectif désigne ce qui est relatif à la recherche ; le nom est celui d'une discipline qui se propose de dégager les règles et les conditions de la recherche.

Fantasme : il s'agit de cette histoire grâce à laquelle le sujet* met en scène, nécessairement, une solution pour régler son rapport au monde et au langage, une fiction fabriquée avec des éléments quasi biographiques et déterminant le désir* du sujet.

Faradisation : utilisation thérapeutique de courants à haute tension (dans le cadre de l'électrothérapie).

Fonction paternelle : il est impossible de savoir ce qu'est un père* sans le signifiant de la paternité. Du coup, ce signifiant, dit le Nom-du-Père, supporte pour chaque sujet* son rapport au langage. Tel est le point de départ de sa fonction.

Galvanisation : électrisation d'un organisme pour lui transférer de l'énergie (dans le cadre de l'électrothérapie).

Génital : terme qui renvoie à l'entrée en jeu des organes génitaux dans la sexualité, mais ceux-ci sont insuffisants pour dire quelle est notre position sexuée : homme ou femme ? Ils ne répondent pas non plus à la question de la jouissance* sexuelle.

Histrionisme : se dit d'une personnalité occupée à attirer l'attention sur elle et à séduire son entourage.

Hypnose : état proche du sommeil, provoqué par des moyens artificiels, et dans lequel la volonté du sujet* est censée être abolie.

Hypnotisme : désigne l'ensemble des techniques permettant d'aboutir à l'hypnose*.

Hypocondrie : un souci exagéré du sujet* pour sa santé qui se traduit par la crainte d'avoir une maladie grave et par des croyances et des comportements irrationnels à l'endroit de son corps. Cette attitude est connue depuis l'Antiquité ; elle est présente aussi bien dans les névroses* (nosophobie) que dans les psychoses* (syndrome de Cotard : négation délirante des organes).

Hystérie : névrose* structurée comme une question que se pose le sujet* – quelle que soit son anatomie – sur l'énigme du sexe : qu'est-ce qu'une femme ? (*voir* phallus*). Les symptômes* de l'hystérie s'inscrivent, de préférence, sur le corps (toux, aphonie, paralysie...).

Inconscient : ce qui ne peut jamais devenir conscient*, même après une psychanalyse. Très exactement, l'inconscient désigne ce fait que les mots manquent pour dire ce qu'est réellement le sujet* : c'est à ce défaut dans l'univers des représentations* que Freud a donné le nom d'inconscient.

Individu : l'élément de la foule, définissable par les déterminations bio-psycho-sociales dont il est l'accomplissement, lieu d'un sujet* avec lequel il ne se confond pas.

Interprétation : opération par laquelle l'analyste (ou psychanalyste) vise à permettre à l'analysant* (ou psychanalysant) d'apercevoir ce qu'il est ; contrairement aux idées reçues, l'interprétation psychanalytique cherche moins à délivrer la signification des rêves, des lapsus* et des actes manqués* qu'à amener le sujet* au plus près de ce qui restera à jamais ininterprétable, à jamais inconscient*.

Jouissance : désigne, si elle existait, la satisfaction complète des pulsions* érotiques et de destruction ; on ne peut penser la jouissance que comme un défaut, manquante, inexistante. C'est pourquoi le psychanalyste français Jacques Lacan (1901-1981) la déduit comme une substance négative.

Glossaire (suite)

Lapsus : mot inattendu qui surgit de la bouche d'un individu* tout à fait par surprise. Il n'est pas le mot que consciemment il avait prévu de dire et trahit le désir* inconscient* du sujet*.

Libido : Freud appelle ainsi l'énergie psychique des pulsions* quand elles s'expriment en termes de désir* ou d'aspiration amoureuse ; en fait, la libido explique l'attrait toujours sexuel du sujet* pour un objet quelconque dès lors que, chez l'humain, l'instinct n'intervient plus.

Masochisme : tendance dans laquelle la jouissance* est liée à la souffrance subie par le sujet* lui-même. Désigne la position d'objet que certains sujets adoptent avec leur partenaire dans leur quête de jouissance.

Moi : désigne l'image qu'un sujet* a de lui-même ; il inclut l'image de son organisme, le corps, mais également les traits psycho-sociologiques avec lesquels le sujet se représente.

Neurasthénie : terme psychiatrique désignant un état chronique de fatigabilité, d'épuisement physique et intellectuel sur fond dépressif généralement accompagné de nombreuses manifestations somatiques ; le problème de la psychanalyse est de savoir, dans chaque cas, où ranger la neurasthénie : côté névrose* ou côté psychose*.

Neurone : cellule dont l'articulation en filet avec ses semblables constitue le système nerveux.

Névrose : fonctionnement psychique d'un sujet* qui a recours à la fonction paternelle* (œdipe*, castration*, refoulement*, fantasme*, symptôme*) pour régler son rapport au langage et à la jouissance*.

Obsession : représentation*, idée, qui s'impose à l'esprit et à laquelle le sujet* ne peut se soustraire.

Œdipe : Freud appelle complexe* d'Œdipe le système de relations au père* et à la mère que le sujet* intériorise comme fantasme*. Ce système fixe quasi définitivement les conditions de jouissance* et le choix du sexe ; grâce à lui, le sujet s'assure des fondements de sa propre humanité et de ses identifications.

Paradigme : ensemble des déclinaisons d'un terme adopté comme modèle ; par extension, ensemble des lectures possibles d'un cas clinique adopté comme type (exemple : le petit Hans pour la névrose* phobique).

Paranoïa : désigne l'une des formes cliniques de la psychose*. Dans le délire paranoïaque, le paranoïaque attribue le défaut de jouissance* à un Autre* divin qui le persécute et lui vole la jouissance.

Père : la psychanalyse distingue : le père imaginaire – le père concret, celui dont le sujet* a l'expérience ; le père symbolique – le Nom-du-Père, la fonction paternelle* qui interdit à quiconque de dire dans l'absolu « je suis le père » (puisqu'il en a un), et puisqu'il a hérité de cette position qu'au mieux il transmettra avec la fonction ; le père réel* – si cela existait, ce serait Le père ; Freud a immortalisé ce dernier sous les traits de la bête primitive que l'humanité a dû tuer et réduire au père symbolique pour se constituer comme telle.

Perversion : l'un des trois modes de fonctionnement psychique distingués par Freud (avec névrose* et psychose*), caractérisé par le déni de la castration*. L'angoisse de ce sujet* prouve qu'il fait sien le fait de la différence entre les sexes, mais au lieu de conclure au manque radical qui fonde le désir*, il se fixe sur une modalité de jouissance*.

Phallus : la sexualité humaine marche au désir* et non à l'instinct ; ce fonctionnement est donc une conséquence du rapport du sujet* au langage ; le phallus est l'élément langagier qui commande la jouissance* à laquelle le sujet a accès par les moyens du sexuel ; le phallus peut être « imaginarisé » comme ce qui s'évapore entre le pénis en érection (du fait du désir) et la détumescence (image de la castration* et condition de la jouissance). Il est le signifiant du sexuel pour les deux sexes (d'où l'énigme de la jouissance féminine, irréductible au signifiant).

Positivisme : pour cette idéologie (héritée de la philosophie d'Auguste Comte, 1798-1857), la seule explication des phénomènes réside dans les lois présidant à leurs enchaînements ; elle admet sans critique la valeur des sciences comme telle.

Psychonévrose : terme introduit avant la distinction entre psychose* et névrose*. Il désignait des affections où intervenaient des conflits infantiles, caractérisés par des mécanismes de défense spécifiques.

Psychose : fonctionnement psychique d'un sujet* qui répond au défaut inévitable de satisfaction sans en passer par la solution œdipienne* (paternelle), mais soit par le délire, soit par l'écriture. De manière classique, on distingue la paranoïa*, la schizophrénie, la mélancolie et la manie.

Pulsion : elle rend compte de la détermination du sujet* par l'absence de détermination biologique – ce « *silence des pulsions* » –, dont Freud parle en termes d'énergie fondamentale nécessaire au fonctionnement psychique.

Réel : terme extrêmement difficile à définir en quelques mots, précisément parce qu'il désigne ce qui échappe aux mots et aux images (ni symbolique, ni imaginaire) ; dans la science, il désigne ce qui n'appartient pas aux savoirs constitués et ce après quoi court le savant ; dans la psychanalyse, il désigne ce qui reste définitivement inconscient* (la jouissance*, une part du sexuel, la pulsion*...).

Refoulement : processus par lequel une représentation* est mise ou maintenue hors de la conscience.

Représentation : le terme doit s'entendre au sens strict qu'il a en politique (ambassadeur) ou au théâtre ; « quelque chose » d'absent est figuré sur une autre scène, en un autre endroit, par un élément quelconque qui en tient lieu, qui prend sa place. Le processus de représentation est symbolique, il implique le langage, même si les éléments qui s'échangent dans la représentation peuvent être imaginaires (des images). Il n'y a de représentation symbolique que là où il y a du sujet*, de sorte que toute parole représente avant tout un sujet. La représentation désigne alors l'élément qui s'inscrit dans les différents systèmes de l'appareil psychique et sur quoi porte éventuellement le refoulement*.

Résistance : Freud désigne ainsi tout ce qui fait obstacle au travail de la cure et à l'accès du sujet* à ses déterminations inconscientes*.

Sadisme : tendance dans laquelle la jouissance* du sujet* est liée à la souffrance ou l'humiliation infligées à autrui.

Scientisme : courant selon lequel il n'y a de connaissance véritable que scientifique et établie sur le modèle de la physique.

Solipsisme : affirmation idéaliste selon laquelle rien n'existe en dehors du sujet* et de sa pensée, ni autre* ni Autre*.

Subjectivation (processus de) : exploration, par un sujet*, de sa structure selon des étapes plus logiques que chronologiques (stades oral, anal, phallique*) ; elle lui permet de s'assurer des fondements de son rapport au langage, de mettre en place son fantasme* fondamental, de confirmer le choix de sa position sexuée (homme ou femme), et de vérifier le type d'objet qui lui convient.

Subjectiver : processus par lequel un sujet* s'approprie à la fois ce qu'il rencontre comme étranger et les conséquences de cette rencontre.

Sublimation : processus inconscient* par lequel la pulsion*, sans rien perdre de son intensité, échange un objet et un but sexuels contre un objet et un but non sexuels mais valorisés culturellement et socialement.

Sujet : désigne ce qui, dans l'individu*, a le pouvoir de répondre. La réponse n'est pas une réaction. Elle implique : a) une structure langagière, b) la possibilité d'échapper à toute détermination dans un acte. C'est pourquoi le sujet équivaut à ce qui est non seulement différent d'un individu à un autre, mais aussi à ce qui se dérobe au savoir d'un individu sur lui-même.

Surdétermination : l'événement anodin est insuffisant à expliquer le déclenchement de la névrose* ; il représente en fait, à la faveur de caractéristiques communes, un ou plusieurs éléments refoulés*. Ces derniers entrent ainsi dans la constitution d'un même symptôme*.

Surmoi : « *héritier du complexe d'Œdipe** », selon Freud, qui désigne ainsi l'instance moralisatrice et quasi persécutrice se manifestant par la culpabilité ou des injonctions (« tu ne dois pas être ou faire cela »).

Symptôme : d'un point de vue médical, c'est le signe d'un dysfonctionnement organique, tandis qu'en psychanalyse il est à la fois l'expression d'un conflit psychique et un mode de jouissance* du sujet*.

Synapse : connexion entre deux neurones*, jouant un rôle de filtrage, d'amplification ou d'accumulation dans la transmission des informations d'une cellule à l'autre.

Théorie sexuelle infantile : explication sur la naissance que se donnent les enfants ignorant le processus de la reproduction sexuée. Ils tentent de répondre avec le « comment on naît » à la question « pourquoi on est ? » Ces théories participent de la mise en place du fantasme*. Leur existence démontre que, de toute façon, le savoir biologique sur la reproduction des individus* ne répond pas à l'énigme du sujet* parlant.

Topique : théorie ou point de vue supposant une conception de l'appareil psychique dans laquelle on distingue des lieux psychiques, ou instances, caractérisés par un fonctionnement et des propriétés différenciés.

Transfert : lien affectif s'instaurant entre l'analysant* et l'analyste dès lors que le premier rencontre une limite au savoir et suppose que le second posséderait ce savoir qui manque ; le psychanalyste oriente la cure sur cette limite, se gardant bien de tenter d'effacer (par l'interprétation* du transfert notamment) ce qui en constitue le ressort.

Vérité : en psychanalyse, elle désigne moins un contenu que le rapport du sujet* à la jouissance*, voire la place de ce rapport pour le sujet et, par extension, tout ce qui occupe cette place (signifiant, savoir, objet, sujet lui-même).

Vitalisme : doctrine qui attribue l'activité vitale à une substance immatérielle, distincte de l'âme, ou qui, excluant le pur « mécanicisme », admet la spécificité irréductible des phénomènes biologiques.

Bibliographie

Parmi les écrits de Sigmund Freud

La Naissance de la psychanalyse, PUF (Presses universitaires de France), Paris, 1973. Ouvrage contenant les lettres adressées à son ami Fliess et les manuscrits élaborés à l'époque de son « autoanalyse ».

Lettres de jeunesse, Gallimard, Paris, 1990.

Sigmund Freud présenté par lui-même, Gallimard, Paris, 1984. Un essai autobiographique où Freud corrèle lui-même ses découvertes avec le parcours de sa vie, se confondant avec la cause de la psychanalyse. La limite de l'essai tient à sa date de parution, 1924, trop précoce ; Freud étant mort en 1939, il manque donc quinze années dans cette autobiographie.

« Contribution à l'histoire du mouvement psychanalytique », *in Cinq leçons sur la psychanalyse,* Payot, Paris, 1975. Freud y raconte l'invention et le succès de la psychanalyse, la première Association internationale de psychanalyse et les premières dissidences jusqu'en 1914, date de la rédaction de cette « contribution ».

La Question de l'analyse profane, Gallimard, Paris, 1985. À l'occasion d'une plainte pénale déposée en 1926 contre Theodor Reik, psychanalyste non médecin, pour exercice illégal de la médecine, Freud retrace le déroulement de sa découverte « laïque » (non médicale) ; il démontre que le psychanalyste tire sa qualification de la psychanalyse elle-même et d'aucune autre formation, ce qui pose la question de la nature de la formation propre et de la transmission de la psychanalyse.

Ouvrages généraux sur l'homme, son œuvre et ses inventions...

ANZIEU (Didier), *L'Autoanalyse de Freud et la Découverte de la psychanalyse,* PUF, 1988.

CANTAU (Jean-Marc), CARRADE (Jean-Baptiste), LESCARRET (Odette), NOUGUÉ (Yves), *Freud : version française,* « série de la Découverte freudienne », PUM (Presses universitaires du Mirail), Toulouse, 1994. Une bibliographie raisonnée de l'œuvre de Freud.

CLANCIER (Sylvestre), *Freud,* Érès, Toulouse, 1998.

DELRIEU (Alain), *Sigmund Freud, index thématique,* Anthropos, Paris, 1997. Un ouvrage permettant de retrouver les concepts élaborés par Freud dans leur contexte ainsi que les notions non psychanalytiques sur lesquelles Freud s'est prononcé.

JONES (Ernest), *La Vie et l'Œuvre de Freud,* PUF, Paris, trois tomes, 1958, 1961, 1969. Élève fidèle de Freud, associé très tôt au développement du mouvement psychanalytique, Jones est également son biographe.

LANDMAN (Patrice), *Freud,* éditions Les Belles Lettres, coll. « Figures du savoir », Paris, 1997. L'actualité de Freud, sa biographie, les principaux concepts, la technique...

LAPEYRE (Michel), *Cliniques freudiennes,* Anthropos, Paris, 1996. Une lecture commentée de cas présentés par Freud comme des épures.

Au-delà du complexe d'Œdipe, Anthropos, Paris, 1997. Une lecture pas à pas de la démarche qui conduit Freud à bouleverser sa théorie autour de 1920, parce qu'il fait confiance à ce qu'il rencontre comme une objection au savoir, prémisse de ce que Lacan appellera « *réel* ».

MANNONI (Octave), *Freud,* collection « Écrivain de toujours », Seuil, Paris, 1968. Une très belle biographie réalisée uniquement à partir de l'œuvre de Freud.

« L'analyse originelle » *in Clefs pour l'Imaginaire ou l'Autre scène,* Seuil, Paris, 1969 ; « L'analyse originelle (suite) » in *Un commencement qui n'en finit pas,* Seuil, Paris, 1980. Deux textes consacrés à l'autoanalyse de Freud.

SAURET (Marie-Jean), *De l'infantile à la structure,* « série de la Découverte freudienne », PUM, Toulouse, 1990. Un essai pour évaluer l'une des notions majeures de Freud – « *l'infantile* » – à la lumière des développements postérieurs de la psychanalyse.

Et dans la collection « Les Essentiels Milan »

ALBERTI (Christiane), SAURET (Marie-Jean), *La Psychanalyse,* Toulouse, 1996.

BEAUMATIN (Ania), LATERRASSE (Colette), *La Psychologie de l'enfant,* Toulouse, 1997. *L'Enfant et ses Peurs,* Toulouse, 1998.

CARALP (Évelyne), GALLO (Alain), *Sciences cognitives et psychanalyse,* Toulouse, 1998.

Index

Le numéro de renvoi correspond à la double page.

Concepts et notions

Éléments biographiques

Dans la collection *Les Dicos Essentiels Milan*

Dans la collection *Les Essentiels Milan*

Responsable éditorial
Bernard Garaude
Directeur de collection – Édition
Dominique Auzel
Secrétariat d'édition
Véronique Sucère
Correction – révision
Didier Mounié
Iconographie
Sandrine Batlle
Conception graphique–Couverture
Bruno Douin
Maquette
Isocèle
Flashage
Exegraph
Fabrication
Isabelle Gaudon
Sandrine Sauber-Bigot

Liste des collaborateurs :
Sidi Askofaré, Valérie Capdevielle, Caroline Doucet, Abdelhadi Elfakir, Michel Lapeyre, Colette Laterrasse.

Crédit photos
Rue des Archives : pp. 3, 4, 11 /
Roger-Viollet : pp. 8, 36 /
Giraudon : pp. 29, 40 /
Sygma : pp. 3, 18, 27, 45, 55, 56.

Aubin Imprimeur, 86240 Ligugé.
D.L. janvier 1999. - Impr. P 57416